Carl Thomas, Carl Thomas

Melito von Sardes. IV. Kapitel: Die Theologie Melitos

Carl Thomas, Carl Thomas

Melito von Sardes. IV. Kapitel: Die Theologie Melitos

ISBN/EAN: 9783743491236

Hergestellt in Europa, USA, Kanada, Australien, Japan

Cover: Foto ©Lupo / pixelio.de

Manufactured and distributed by brebook publishing software (www.brebook.com)

Carl Thomas, Carl Thomas

Melito von Sardes. IV. Kapitel: Die Theologie Melitos

Melito von Sardes.

IV. Kapitel:
Die Theologie Melitos.

Inaugural-Dissertation

zur Erlangung der theologischen Licentiatenwürde

an der

Universität Göttingen

vorgelegt

von

Dr. phil. **Carl Thomas,**

Kandidaten der Theologie.

Druck von Meinders & Elstermann in Osnabrück.
1883.

Melito von Sardes.

IV. Kapitel.

Die Theologie Melitos.

Verfasser dieser Schrift wurde am 2. September 1869 als Sohn des jetzigen Kassierers H. Thomas zu Osnabrück geboren. Nachdem er auf der dortigen Bürgerschule seine elementare Vorbildung empfangen, bezog er Ostern 1880 das Ratsgymnasium seiner Vaterstadt, welches er Ostern 1888 nach bestandenem Abiturientenexamen verliess. An den Universitäten zu Erlangen und Leipzig widmete er sich dann je drei Semester theologischen und philosophischen Studien, bestand im April 1891 in Hannover das Examen pro venia concionandi und promovierte am 1. August desselben Jahres zu Leipzig zum Doctor der Philosophie und am 17. December 1892 zu Göttingen zum Licentiaten der Theologie.

Osnabrück, im April 1893.

Carl Heinrich Thomas.

Inhalts-Uebersicht.

	Seite
IV. Kapitel: Die Theologie Melitos	1
1. Abschnitt: Die Erkenntnisquellen und ihre Anwendung	—
1. Teil: Bibelkanon und Regula fidei	—
2. Teil: Schriftbenutzung	7
3. Teil: Philosophische Erkenntnisse	10
2. Abschnitt: Die systematische Theologie	12
1. Teil: Theologie und Logologie	—
2. Teil: Anthropologie, Christologie und Soteriologie	17
3. Abschnitt: Die praktische Theologie	29
1. Teil: Abhandlungen über ethische Fragen	—
2. Teil: Praktisch-kirchliche Schriften	30
3. Teil: Melitos Stellung im zweiten Osterstreit	31

IV. Kapitel.

Die Theologie Melitos.

Erster Abschnitt.
Die Erkenntnisquellen und ihre Anwendung.

Erster Teil.
Bibelkanon und Regula fidei.

Noch bedeutender als durch seine apologetische Wirksamkeit ist Melito für die Folgezeit durch seine Theologie geworden. Bei ihm zuerst, noch lange vor Origenes, kann man von einer wissenschaftlichen Behandlung theologischer Fragen ex professo, nicht nur gelegentlich bei der Bekämpfung der Häretiker, wie es noch bei Irenäus der Fall ist, von einem geschlossenen System sprechen, wo eine Grundlehre in die Mitte gerückt ist und um diesen Centralpunkt alle übrigen Aussagen in einheitlicher und organischer Weise sich gruppieren. Und hier hat Melito gerade die das Wesen des Christentums im Unterschiede von allen übrigen Religionen am deutlichsten charakterisierende Lehre, die Christologie, auf das stärkste hervorgehoben und nach rückwärts mit der Theologie in feste Verbindung gebracht, nach vorwärts auf das innigste an die Soteriologie geknüpft.

Dass es ihm möglich wurde, ein geschlossenes theologisches und bei aller Wissenschaftlichkeit, mit der es behandelt ist, doch kirchliches System zu liefern, an dem auch die spätere Orthodoxie an fast keinem Punkte etwas auszusetzen haben konnte, erklärt sich zumeist daraus, dass er, wahrscheinlich als der erste, einen abgeschlossenen Kanon vor sich hatte und nur auf dem Grunde der in ihm enthaltenen Schriften seine Theologie aufbaute. Er hat sich eifrig für den Kanon, in erster Linie des alten Testaments, interessiert, zum Zweck sicherer Feststellung desselben eine Reise nach Palästina gemacht und dort auf das Gewissenhafteste nach dem Umfange des Kanons bei den Juden sich erkundigt.[1] Als das Resultat

---

[1] Eusebius, hist. eccl. IV, 26, 14: ἀνελθὼν οὖν εἰς τὴν ἀνατολήν, καὶ ἕως τοῦ τόπου γενόμενος ἔνθα ἐκηρύχθη καὶ ἐπράχθη, καὶ ἀκριβῶς μαθὼν τὰ τῆς παλαιᾶς διαθήκης βιβλία.

seiner Bemühungen teilt er ein Verzeichnis der Schriften des alten Testaments in der Vorrede zu seinem ἐκλογαί mit, das erste, welches uns innerhalb der christlichen Kirche entgegentritt. Es enthält die sämtlichen Bücher des hebräischen Kanons, nur Nehemia und Esther sind nicht genannt. Das Fehlen der ersteren Schrift erklärt sich wohl sicherlich daraus, dass Esra und Nehemia als ein Buch zusammengenannt sind, wie sie denn auch bei den jüdischen Gelehrten als ein Buch gelten. Dagegen hat er sicherlich Esther absichtlich ausgelassen, jedenfalls weil ihm die jüdische Gesinnung, die es atmet, nicht gefiel und er die Schrift nicht als kanonisch ansah.[1]) Interessant ist es, die Reihenfolge der Schriften bei Melito zu beobachten und mit dem hebräischen Kanon und dem der LXX zu vergleichen. Bis zu den Büchern der Chronik schliesst er sich auf das engste an die LXX an, zählt auch ebenso wie sie die zwei Bücher Samuelis nicht selbständig, sondern als erstes und zweites Buch Βασιλειῶν. Dann aber verlässt er beide Vorlagen und nennt, in der Reihenfolge im einzelnen die LXX nach dem hebräischen Kanon korrigierend, die Psalmen, die Proverbien, die er irrtümlich als mit der Σοφία identisch angesehen zu haben scheint,[2]) den Ekklesiastes, das Hohelied und Job. Hierauf folgen nach dem hebräischen Kanon Jesaias und Jeremias, dann die zwölf kleinen Propheten ἐν μονοβίβλῳ, denen sich Daniel und Ezechiel anschliessen. Dazu, dass er dem Ezechiel den eigentümlichen Platz des letzten der Propheten anwies, wird er wohl durch die Stellung, welche dieses Buch bei den LXX einnimmt, veranlasst sein; nur kehrte er hier wieder die Reihenfolge: Ezechiel, Daniel um, weshalb, wissen wir nicht. Das Buch Esra macht dann als letztes den Beschluss, ebenso wie bei dem Hebräer. Im allgemeinen folgt Melito also in Bezug auf die Anordnung der einzelnen Bücher den LXX, welche er aber wiederholt nach dem hebräischen Kanon korrigiert hat; an einer Stelle, beim Uebergang von der Chronik zu den Psalmen, hat er unabhängig von beiden Vorlagen eine neue Reihenfolge gebildet; der Grund, der ihn hierzu bestimmte, lässt sich nicht einmal vermuten.

---

[1]) So urteilen auch Diestel, Geschichte des Alten Testamentes in der christlichen Kirche. Jena 1869. S. 22, Nitzsch, Grundriss der Dogmengeschichte. Berlin 1870. p. 247. und Otto l. c. IX, 439 gegen Bleek, Einleitung in das Alte Testament. 5. Aufl. von J. Wellhausen. Berlin 1886. S. 511.

[2]) G H O haben allein καὶ ἡ Σοφία, alle übrigen Codices ἡ καὶ Σοφία, diese letztere Lesart ist anzunehmen. Wäre die andere richtig, so hätte Melito hier ein Apocryphum aufgenommen; dann würde er sich sicherlich aber nicht auf dieses eine beschränkt haben.

Immerhin ist diese Feststellung des hebräischen Kanons mit Beschränkung auf die Bücher, die auch bei den Juden anerkannt waren, und mit Ausschluss aller Apokryphen, ein epochemachendes Werk; denn da jetzt diese Schriften als allein normativ in der Kirche galten, wurde jeder Benutzung anderer Bücher, was man bis dahin noch ohne Bedenken zugestanden hatte, vor allem auch der Verwendung der so beliebten jüdischen Apokalypsen, ein fester Damm entgegengesetzt. Interessant ist, dass Melito, der überzeugte Chiliast, auf diese Weise selbst angefangen hat, dem Chiliasmus das Grab zu bereiten, denn gerade aus den jüdischen Apokalypsen gewannen diese Erwartungen immer neue Nahrung; von jetzt an durfte man sich aber nicht mehr auf sie berufen, was allerdings nicht hinderte, dass die Anschauungen, die schon in der Kirche vorhanden waren, noch eine Zeitlang weiter wucherten.

Den so aufgestellten Kanon nennt Melito τὰ παλαιὰ βιβλία[1]) oder genauer τὰ τῆς παλαιᾶς διαθήκης βιβλία;[2]) diese Ausdrücke sind aber nicht anders denkbar, als wenn der Gegensatz τὰ καινὰ βιβλία und τὰ τῆς καινῆς διαθήκης βιβλία auch vorhanden war. Für Melito muss also zum mindesten der Begriff, wahrscheinlich auch der Kanon des neuen Testamentes existiert haben.[3]) Dann ist er aber aller Wahrscheinlichkeit nach der erste Theologe in der Kirche, der einen solchen gekannt hat. Wie wichtig diese Thatsache ist, lehrt aber ein einziger Blick auf die Geschichte des 2. Jahrhunderts; mit dem Vorhandensein des neuen Testaments als eines Ganzen und der Zusammenstellung desselben mit dem alten als in gleicher Weise verbindlich und normativ haben wir das nachapostolische Zeitalter hinter uns und stehen schon in den Vorhallen der altkatholischen Kirche. So bildet für uns die Person Melitos das Bindeglied für das Verständnis des Zusammenhangs beider Zeiten.

Dies gilt von ihm auch noch in einer anderen Hinsicht. Wir können nämlich bei ihm Spuren einer Regula fidei entdecken, wenn auch nur mühsam, weil sie nur gelegentlich vermischt mit anderen Worten in ihren einzelnen Stücken hervortritt. Dass Melito eine

---

[1]) Eusebius, hist. eccl. IV, 26, 13.
[2]) Eusebius hist. eccl. IV, 26, 14.
[3]) Dies ist auch die Ansicht von Harnack, Lehrbuch der Dogmengeschichte I, 308, not. 2. Voigt, Eine verschollene Urkunde des antimontanistischen Kampfes. Leipzig 1891, S. 168. 169 zweifelt, ob bei Melito „διαθήκη schon die einzelne Schriftensammlung bezeichnete", und es nicht vielmehr lediglich in dem Sinne von „Bund" zu fassen sei, aber er hat seinen Zweifel durch die Bemerkung S. 169, Anm. 1 und den Vergleich von Eusebius, hist. eccl. IV, 26, 14 und hist. eccl. VI, 25, 1 selbst widerlegt.

solche besessen hat, ist an sich wahrscheinlich; Rom besass schon in der ersten Hälfte des 2. Jahrhunderts eine solche, die es vielleicht aus Kleinasien erhalten hat, und das Vorhandensein einer ganz ähnlichen in der Gemeinde zu Smyrna können wir etwa für dieselbe Zeit aus Ignatius ad Trall. c. 9, ad Magnes. c. 11, ad Smyrn. c. 1 und Polykarps Philipperbriefe nachweisen. Da wäre es sehr zu verwundern, wenn ein Decennium später Melito keine Regula fidei gehabt hätte. Und in der That weisen verschiedene Ausdrücke in seinen Schriften auf ihr Vorhandensein hin. Im ersten syrischen Fragmente,[1]) erwähnt Melito wiederholt als Thatsachen, die von grosser Bedeutung seien, das 1. iudicari, 2. videri, 3. prehendi, 4. mensurari, 5. pati, 6. mori, und 7. sepeliri des Herrn. Wichtig erscheinen auch die Worte 8. incarnatus ... in utero virginis, 9. et natus ... homo. Von diesen Ausdrücken kehren wieder im zweiten Fragmente[2]) der letzte in etwas anderer Fassung und umschrieben (8. corpus ex formatione nostra texuit sibi und 8. a Maria portatus et patre suo indutus), im dritten syrischen Stücke[3]) derselbe als 8. qui in virgine incarnatus est, ... 9. qui Bethlehemi natus est, ebenso 3. qui a sacerdotibus comprehensus est, 1. qui a Pilato iudicatus est, — der Name Pilatus findet sich auch im zweiten Fragment: stabat coram Pilato, — 7. qui in terra sepultus est. Als neu treten hier auf 10. qui e mortuis surrexit, 11. qui apostolis apparuit, 12. qui ad coelos sublatus est, 13. qui ad dextram patris sedet. Auch 14. qui clavis in carne fixus est und 15. qui in ligno suspensus est sind hierher zu rechnen. Gerade der Schluss des dritten Fragments in seiner rythmischen Gliederung und seinem hymnischen Schwunge macht entschieden den Eindruck, als ob er ein längeres Stück einer Regula bilde. Im vierten Fragment[4]) kehren dann wieder 8. qui in virgine corporatus est, 15. in ligno suspensus, 7. in terra sepultus est, 10. qui e mortuis surrexit, 9. natus est ex Maria, 6. qui occisus est oder mortuus est; dann wieder 15. crucifixus est, 7. sepultus est, 15. tollitur in lignum, 15. pendet, 14. fixus est, 10. surrexit e mortuis, 12. adscendit in altitudinem coeli, 5. passus est, 1. iudicatus est, 7. sepultus est, 8. qui in virgine corporatus est, 15. qui in ligno suspensus est, 7. qui in terra sepultus est, 10. qui e mortuis surrexit, 12. qui adscendit ad altitudinem coeli und 13. sedet ad dextram patris.

[1]) Otto l. c. IX, 419.
[2]) Otto l. c. IX, 419. 420.
[3]) Otto l. c. IX, 420. 421.
[4]) Otto l. c. IX, 421—423.

Hiernach lassen sich die einzelnen Stücke der Glaubensregel mit annähernder Sicherheit feststellen, unter Vergleichung der Reste der Regula fidei bei Ignatius und Polykarp. Die letztere enthielt: ad Magn. c. 11: ἐν τῇ γεννήσει καὶ τῷ πάθει καὶ τῇ ἀναστάσει τῇ γενομένῃ ἐν καιρῷ τῆς ἡγεμονίας Ποντίου Πιλάτου. ad Trall. c. 9: τοῦ ἐκ γένους Δαβίδ, τοῦ ἐκ Μαρίας, ὃς ἀληθῶς ἐγεννήθη, ἔφαγέν τε καὶ ἔπιεν, ἀληθῶς ἐδιώχθη ἐπὶ Ποντίου Πιλάτου, ἀληθῶς ἐσταυρώθη καὶ ἀπέθανεν, βλεπόντων τῶν ἐπουρανίων καὶ ἐπιγείων καὶ ὑποχθονίων. ὃς καὶ ἀληθῶς ἠγέρθη ἀπὸ νεκρῶν, ἐγείραντος αὐτὸν τοῦ πατρὸς αὐτοῦ. ad Smyrn. c. 1: εἰς τὸν κύριον ἡμῶν, ἀληθῶς ὄντα ἐκ γένους Δαβὶδ κατὰ σάρκα, υἱὸν θεοῦ κατὰ θέλημα καὶ δύναμιν θεοῦ γεγεννημένον ἀληθῶς ἐκ παρθένου, βεβαπτισμένον ὑπὸ Ἰωάννου, ἵνα πληρωθῇ πᾶσα δικαιοσύνη ὑπ' αὐτοῦ, ἀληθῶς ἐπὶ Ποντίου Πιλάτου καὶ Ἡρώδου τετράρχου καθηλωμένον ὑπὲρ ἡμῶν ἐν σαρκί . . . ἵνα ἄρῃ σύσσημον εἰς τοὺς αἰῶνας διὰ τῆς ἀναστάσεως εἰς τοὺς ἁγίους καὶ πιστοὺς αὐτοῦ . . . Hier scheinen nur die durch ἀληθῶς eingeleiteten Sätze dem Glaubensbekenntnis anzugehören, jedenfalls fehlt in dem verwandten altrömischen Symbol jede Bezugnahme auf die Taufe Jesu. Polycarpus ad Phil. 2: εἰς τὸν ἐγείραντα τὸν κύριον ἡμῶν Ἰησοῦν Χριστὸν ἐκ νεκρῶν καὶ δόντα αὐτῷ δόξαν καὶ θρόνον ἐκ δεξιῶν αὐτοῦ, ᾧ ὑπετάγη τὰ πάντα ἐπουράνια καὶ ἐπίγεια, ᾧ πᾶσα πνοὴ λατρεύει, ὃς ἔρχεται κριτὴς ζώντων καὶ νεκρῶν· . . . ὁ δὲ ἐγείρας αὐτὸν ἐκ νεκρῶν καὶ ἡμᾶς ἐγερεῖ . . . Stücke dieses Symbols müssen demnach gewesen sein: Gottessohnschaft, Geburt aus Maria, Leiden unter Pontius Pilatus, Kreuzigung, Tod, Auferstehung, Herrschaft mit dem Vater.

Von den einzelnen Ausdrücken, die ich oben bei Melito nachgewiesen habe, scheinen in dessen Symbol mit ziemlicher Sicherheit folgende gestanden zu haben. No. 8 incarnatus in virgine oder in utero virginis, No. 9 natus ex Maria oder natus Bethlehemi, No. 1 iudicatus a Pilato, Nr. 2, 3 und 4 scheinen nur Entfaltungen von Nr. 5 zu sein und sind daher mit dieser zu vereinigen, No. 5 passus est, No. 14 und 15 gehören wohl zusammen, clavis in ligno suspensus est, No. 6 mortuus est, No. 7 in terra sepultus est, No. 10 e mortuis surrexit. No. 11 gehört wohl mit zu No. 10, weil etwas Dementsprechendes auch bei Ignatius und Polykarp sich nicht findet. No. 12 adscendit ad altitudinem coeli und No. 13 sedet ad dextram patris. Ob ein Bekenntnis zur Taufe Jesu hier auch seine Stelle fand, ist sehr fraglich, da die Worte in Jordane baptizatus bei Pitra, Analecta sacra IV, 302 wahrscheinlich nur spätere Interpolation sind; auch die anderen uns bekannten ältesten Symbole nehmen hierauf keinen Bezug. Besondere Untersuchung verdient aber noch der Anfang des Symbols. Im zweiten Teile des vierten syrischen Fragments [1]) finden wir fast alle Stücke, welche wir als

---

[1]) Otto l. c. IX, 423.

zum Symbol gehörig in Anspruch genommen hatten, so dass man zu der Vermutung gedrängt wird, jener Satz dort bilde den Hauptteil der gesuchten Regula fidei Melitos. Hier stehen aber am Anfange die Worte: hic est qui coelum et terram fecit et initio cum patre hominem formavit, ipse qui per legem et prophetas praedicatus est; standen diese Ausdrücke in dem Symbol oder nicht? Wahrscheinlich wohl nicht, denn sie enthalten so bestimmt die Logoschristologie und sind in solchem Grade nur von ihr aus zu verstehen, dass man dann annehmen muss, auch das Bekenntnis zur Logoslehre sei in der Regula etwa durch die Worte νοῦν τέλειον, λόγον θεοῦ [1]) zum Ausdruck gekommen. Das ist aber für die Mitte des 2. Jahrhunderts ohne Beispiel, ja geradezu unerhört, so schnell hat sich die Logoslehre nicht durchgesetzt, da war es nötig, erst eine Menge Kämpfe durchzufechten, ehe man zu jenem Resultate gekommen war. Es ist darum mit Recht anzunehmen, dass jene Ausdrücke von Melito selbst herrühren als weitere Ausführungen des Symbols. Melitos Regula fidei scheint demnach, so weit wir sie rekonstruieren können, folgendermassen gelautet zu haben:

πιστεύω
εἰς Ἰησοῦν Χριστὸν, υἱὸν θεοῦ, τὸν κύριον ἡμῶν,
ὃς ἐσαρκώθη (ἐν κοιλίᾳ τῆς παρθένου?) ἐν τῇ παρθένῳ.[2])
ὃς ἐγεννήθη ἐκ Μαρίας,
ὃς ἐκρίθη ὑπὸ Πιλάτου,
ὃς ἔπασχεν,
ὃς καθηλώθη πρὸς τὸ ξύλον,
ὃς ἀπέθανεν,
ὃς ἐν τῇ ἐτάφη,
ὃς ἀνέστη ἐκ νεκρῶν,
ὃς ἀνέβη εἰς τὸ ὕψος τῶν οὐρανῶν,
ὃς κάθηται ἐν δεξιᾷ τοῦ πατρός.

Nahe steht diesem Symbol das der altrömischen Kirche;[3]) nur fehlt bei Melito der Ausdruck μονογενῆ [4]) zu υἱόν, das ἐκ πνεύματος ἁγίου bei ἐγεννήθη, wie denn Melito wenigstens in den uns erhaltenen Resten seiner Schriften niemals des göttlichen Geistes Erwähnung gethan hat, und der Satz: ὅθεν ἔρχεται κρῖναι ζῶντας καὶ νεκρούς. Dagegen hat Melito mehr: ἐσαρκώθη ἐν παρθένῳ, ἐκρίθη ὑπὸ Πιλάτου.

Diese beiden Thatsachen, die Existenz eines Schriftenkanons und einer Regula fidei bei Melito sind von einer nicht hoch genug zu

---

[1]) Otto l. c. IX, 420 mentem perfectam, verbum dei.
[2]) Der einfachere Ausdruck dürfte vorzuziehen sein.
[3]) In Patrum apostolicorum opp. I, 2, 115.
[4]) Allerdings spricht er einmal auch von dem primogenitum dei (Otto l. c. IX, 422), aber bei der grossen Seltenheit dieses Ausdrucks ist es sehr fraglich, ob er bei ihm im Symbol gestanden hat.

schätzenden Bedeutung für die Kenntnis Melitos sowohl als für die
des 2. Jahrhunderts überhaupt.

Zweiter Teil.
Schriftbenutzung.

Durchaus als ein Kind dieses Jahrhunderts steht Melito da in
seiner Verwertung der Schrift und seiner, von unserem Standpunkt
aus betrachtet, höchst willkürlichen Exegese des alten Testaments.
In einer Hinsicht ist er aber auch hier bedeutend und überragt
seine Zeit: er hat, was keinem anderen der Theologen des 2.
Jahrhunderts, wenigstens soweit wir es zu übersehen vermögen,
in den Sinn gekommen ist, wirkliche Textkritik getrieben und sich
um Uebersetzungsvarianten gekümmert. Wie weit dieses Bemühen
reichte, lässt sich durch den Anfang des 5. (4.) Catenenfragmentes
illustrieren. Hier verwirft Melito die allgemein gebräuchliche Lesart
des κατεχόμενος in Gen. 22, 13 und entscheidet sich mit dem Syrer
und Hebräer für κρεμάμενος.[1]) Aber was veranlasst ihn hierzu? Nicht
etwa ein wirkliches Ueberzeugtsein von der Vorzüglichkeit der zweiten Lesart, sondern vielmehr das Bestreben, für seine Typologie in
dem Worte κρεμάμενος eine bessere Stütze zu finden als in κατεχόμενος.[2])
Man darf darum nicht zu hoch von dieser Kritik denken, sondern
muss immer beachten, dass sie nur im Dienste seiner typologisierenden und allegorisierenden Exegese steht. Das Bewusstsein von dem
selbständigen Werte eines jeden Ereignisses und einer jeden Person
ist dieser Schriftauslegung noch nicht aufgegangen; für sie haben
alle Begebenheiten und Menschen, von denen erzählt wird, keinen
Selbstzweck, sondern werden nur daraufhin angesehen, welche Bedeutung sie haben. Alles kommt darauf an, den Typus aufzusuchen,
d. h. das eigentümlich Vorbildliche, welches sie in Beziehung auf
Christus oder Vorgänge des Gottesreichs besitzen. Das ganze alte
Testament erschien auf diese Weise als ein specifisch christliches
Buch, weil es in allen seinen Teilen von Christus handelte; und,
wie man das christliche als das allein berechtigte Volk, mit dem
Gott einen Bund geschlossen, im Gegensatz zum jüdischen ansah,
so nahm man auch das alte Testament für die Kirche in Anspruch.

---
[1]) Otto l. c. IX, 418 τὸ „κατεχόμενος" τῶν κεράτων=ὁ Σύρος καὶ ὁ Ἑβραῖος κρεμάμενός φησιν.

[2]) Dass dies der allein bestimmende Grund ist, folgt deutlich aus den Worten: ὡς σαφέστερον τυποῦν τὸν σταυρόν. Otto l. c. IX, 418.

Aus ihm holte man sich Aufschluss über alle möglichen religiösen und wissenschaftlichen Fragen, in Bezug auf die Kosmologie und besonders auf die Christologie. Alles in ihm wies auf Christus hin, seine Geburt und sein Leiden, Tod und Auferstehung fand man in ihm geweissagt, wofern man es nur in der richtigen Weise benutzte. Und diese Verwertung war die von Philo zum ersten Male angewandte und von den Lehrern der Kirche eifrig aufgegriffene allegorische Schrifterklärung: der offen zu Tage liegende Wortsinn genügt nicht, nur fleischliche Anschauungen können mit ihm sich begnügen, in das volle Verständnis des betreffenden Wortes führt erst die Erkenntnis des verborgenen Sinnes, den aufzufinden allerdings der Scharfsichtigkeit jedes einzelnen Auslegers anheimgestellt bleibt. Dass diese Art der Interpretation, bei der ja alles den individuellen Neigungen und Fähigkeiten überlassen war, manche absonderliche exegetische Blüten treiben musste, liegt auf der Hand, aber die altchristlichen Lehrer konnten nicht anders handeln: war das alte Testament ein christliches Buch, dann musste auch das Christentum darin gefunden werden, gleichviel, welche Wort- und Sinnverrenkungen man sich zu Schulden kommen liess und welche exegetischen Luftsprünge man machte.[1])

In welcher Weise Melito diese typologisch-allegorische Exegese getrieben hat, können wir recht deutlich an den in den Genesiscatenen erhaltenen Fragmenten studieren.[2]) Die Stücke besprechen die Opferung Isaaks, aber nur zu dem Zweck, um den Typus zu suchen. Wie der Sohn vom Vater auf den Berg geführt wird um geopfert zu werden, wie ihm die Füsse zusammengebunden werden, wie er auf das Holz gelegt und alles zur Schlachtung vorbereitet wird, das alles bezieht sich auf die Kreuzigung Christi.[3]) Als besonders bedeutsam wird noch das Schweigen Isaaks angesehen, wie er den Mund nicht öffnete und keinen Laut ausstiess;[4]) kurz Isaak ist der „Typusträger" des Herrn (ἐβάστασεν καρτερῶν τὸν τύπον τοῦ κυρίου). Dann aber ändert sich das Bild: weil der Ausleger sich erinnert, dass Isaak ja nicht geopfert ist, konnte er nur bis zu einem bestimmten Punkte diesen als Typus Christi ansehen; reflektiert er über den Tod Jesu selbst, dann repräsentiert Isaak die erlöste

---

[1]) Cf. auch Harnack, Lehrbuch der Dogmengeschichte I, 145 ff.
[2]) Bei Otto l. c. IX, 416—418.
[3]) Otto l. c. IX, 417: ἦν γὰρ θεάσασθαι μυστήριον καινόν, υἱὸν ἀγόμενον ὑπὸ τοῦ πατρὸς ἐπ' ὄρος εἰς σφαγήν, ὃν συμποδίσας ἔθηκεν ἐπὶ τὰ ξύλα τῆς καρπώσεως, ἑτοιμάζων μετὰ σπουδῆς τὰ πρὸς τὴν σφαγὴν αὐτοῦ.
[4]) Otto l. c. IX, 417: ὁ δὲ Ἰσαὰκ σιγᾷ, πεπεδημένος ὡς κριός, οὐκ ἀνοίγων τὸ στόμα, οὐδὲ φθεγγόμενος φωνῇ.

Menschheit, der Widder aber, der dem Abraham erschien, deutet auf Christum.¹) Auf dieser Grundlage wird dann weiter typologisiert: da im Texte steht, dass der Widder im Gebüsche festgehalten wurde mit den Hörnern, bedeutet dieses Gezweig das Kreuz,²) besonders dann, wenn man die Lesart κρεμάμενος vorzieht;³) danach wird auch das hebräische Wort für Gebüsch, sᵉbak, bei den LXX Σαβέκ, erklärt durch ἄφεσις und hierdurch eine neue Beziehung auf das Kreuz gefunden, da durch dieses für die Menschheit die Vergebung der Sünden erworben ist.⁴) Bedeutungsvoll erscheint weiter, dass der Widder nicht durch ἀμνός, sondern durch κριός bezeichnet ist; die Wahl dieses Wortes ist ein Beweis dafür, dass derselbe nicht auf den jugendlichen Isaak, sondern auf den erwachsenen Christus weist.⁵) Dass die Stelle der Opferung Jerusalem war, brauchte eigentlich gar nicht mehr ausdrücklich gesagt zu werden,⁶) sondern ergab sich aus den vorhergegangenen Erklärungen ganz von selbst.

Jedenfalls ist aus dieser Probe der Exegese Melitos ersichtlich, in welchem Grade ihm die Person Christi im Mittelpunkte des Interesses stand, und wie leicht er Bezugnahmen auf dieselbe aus den verschiedenen Stellen des alten Testaments herauslas. Dies ergiebt sich auch aus einer Stelle, welche Origenes uns in seinem Psalmenkommentar erhalten hat.⁷) Dass David als Vorbild Christi aufgefasst wurde, war sehr gewöhnlich; dass dies auch von Melito geschehen sein muss, geht aus den Mitteilungen des Origenes deutlich hervor. Wie Absalom gegen die Herrschaft Davids rebellierte, so widersetzte sich auch der Teufel dem Reiche Christi; Absalom ist also als ein Typus des Satans anzusehen. Wir ersehen hieraus, dass Melito im alten Testament auch Vorbilder des Teufels in den gegen fromme Männer wirkenden Personen gesucht und gefunden hat. Vielleicht hat Origenes obige Notiz der Schrift Melitos περὶ τοῦ διαβόλου⁸) entnommen, und es ist mit Recht zu vermuten, dass Melito

---

¹) Otto l. c. IX, 417. 418: Ἐκεῖνος (ὁ κριὸς) σφαγεὶς ἐλυτρώσατο τὸν Ἰσαάκ· οὕτως καὶ ὁ κύριος σφαγεὶς ἔσωσεν ἡμᾶς καὶ δεθεὶς ἔλυσε καὶ τυθεὶς ἐλυτρώσατο. Ἦν γὰρ ὁ κύριος ὁ ἀμνὸς ὡς ὁ κριός, ὃν εἶδεν Ἀβραὰμ κατεχόμενον ἐν φυτῷ Σαβέκ.
²) Otto l. c. IX, 418: τὸ φυτὸν ἀπέφαινε τὸν σταυρόν.
³) Otto l. c. IX, 418: τὸ „κατεχόμενος" τῶν κεράτων ὁ Σύρος καὶ ὁ Ἑβραῖος „κρεμάμενός" φησιν, ὡς σαφέστερον τυποῦν τὸν σταυρόν.
⁴) Otto l. c. IX, 418: φυτὸν Σαβέκ, τοῦτ' ἔστιν ἀφέσεως, ἐπήλεγε τὸν ἅγιον σταυρόν.
⁵) Otto l. c. IX. 418: καὶ τὸ κριὸς τοῦτ' ἀκριβοῖ· οὐ γὰρ εἶπεν „ἀμνός", νέος, ὡς ὁ Ἰσαάκ, ἀλλὰ „κριός", ὡς ὁ κύριος, τέλειος.
⁶) Otto, l. c. IX, 418: ἀπέφαινε ... ὁ τόπος ἐκεῖνος τὴν Ἱερουσαλήμ.
⁷) Origenes, Selecta in psalmos, opp. XI, 411 und Pitra, Analecta sacra III, 373. 374. cf. oben p. 112.
⁸) Cf. p. 26, not. 2.

in diesem Werk sich damit beschäftigt hat, die Menschen des alten Testaments, welche als Typen des Teufels gelten konnten, zusammenzustellen.

Einen ganz ähnlichen Zweck müssen die sechs Bücher der ἐκλογαί verfolgt haben; nach der Zuschrift an Onesimus will Melito hierin ἐκλογὰς ... ἔκ τε τοῦ νόμου καὶ τῶν προφητῶν περὶ τοῦ σωτῆρος καὶ πάσης τῆς πίστεως ἡμῶν[1]) mitteilen. Hierin wird er alles verarbeitet haben, was er im alten Testament als auf Christus bezüglich ansah, ferner was auf den ganzen christlichen Glauben ging, worunter in erster Linie jedenfalls die Christologie mit all ihren Einzelheiten zu verstehen ist; dass eine derartige Schrift bei der Eigentümlichkeit der Exegese Melitos recht umfangreich werden musste,[2]) können wir uns lebhaft denken. Es ist recht wohl möglich, dass die oben besprochenen Fragmente aus den Genesiscatenen ihr angehören.

Dritter Teil.
Philosophische Erkenntnisse.

Neben dem Wissen, welches ihm die heiligen Schriften darboten, hat Melito auch Erkenntnisse der Philosophie zum Aufbau seines theologischen Systems verwertet, ja er hat es nicht verschmäht, religiöse und heilsgeschichtliche Thatsachen durch Analogien aus dem natürlichen Leben und aus kosmischen Verhältnissen dem Verständnis näher zu bringen und zu erläutern. So verweist er, um die Notwendigkeit der Taufe darzuthun, auf diejenigen Dinge, welche durch Berührung mit Wasser nicht nur an ihrem Werte nicht verlieren, sondern besser werden. Glühendes Eisen wird durch Eintauchen in Wasser gehärtet; Gold, Silber und Erz gewinnen auf diese Weise einen strahlenden Glanz.[3]) Das nach der Durchtränkung mit Wasser bearbeitete Land gewährt reichere Früchte,[4]) und durch die Ueberschwemmung des Nil allein ist Aegypten ein so gesegnetes, fruchtbares Land geworden.[5]) Höchst interessant sind auch die An-

---

[1]) Eusebius, hist. eccl. IV, 26, 13.
[2]) Eusebius, hist. eccl. IV, 26, 14: ἐξ ὧν καὶ τὰς ἐκλογὰς ἐποιησάμην, εἰς ἓξ βιβλία διελών.
[3]) Pitra, Analecta sacra II, 3. 4: ποῖος δὲ χρυσὸς ἢ ἄργυρος ἢ χαλκὸς ἢ σίδηρος πυρωθεὶς οὐ βαπτίζεται ὕδατι; ὁ μὲν αὐτῶν ἵνα φαιδρυνθῇ διὰ τῆς χρόας, ὁ δὲ ἵνα τονωθῇ διὰ τῆς βαφῆς
[4]) Pitra, Analecta sacra II, 4: ἡ δὲ σύμπασα γῆ ὄμβροις καὶ ποταμοῖς λούεται καὶ λουσαμένη καλῶς γεωργεῖται.
[5]) Pitra, Analecta sacra II, 4: ἡ Αἰγυπτιακὴ γῆ λουσαμένη ποταμῷ πληθύνοντι αὔξει μὲν τὸ λήϊον, πληροῖ δὲ τὸν σταχὺν, ἑκατοντάχοα δὲ γεωργεῖ διὰ καλοῦ λουτροῦ.

schauungen Melitos über das Verhältnis von Sonne und Erde. Die Sonne, eine grosse, eherne, von Feuer durchglühte Kugel,[1]) steigt, nachdem sie ihren Tageslauf um die Erde beendet hat, hinein in den Ocean,[2]) um sich dort in ihrem βαπτιστήριον[3]) zu reinigen und zu erfrischen.[4]) Und ihr schliessen sich als getreue Begleiter der Mond und die Sterne an, um das Los, das ihr in regelmässiger Wiederkehr im Weltmeere widerfährt, zu teilen.[5]) Aber wird hierdurch nicht eine Abkühlung der Sonne bewirkt? Um die Grundlosigkeit dieser Annahme darzuthun, verweist Melito auf den Vorgang, der entsteht, wenn man eine glühende eiserne Kugel in kaltes Wasser taucht; sie zischt zwar gewaltig, aber das Feuer in ihrem Innern nimmt nicht ab an Glut.[6])

In welcher Weise Melito diese physikalischen Erkenntnisse für die Theologie verwandt hat, kann man an dem von Pitra mitgeteilten Fragment seiner Schrift περὶ λουτροῦ studieren.[7]) Die von ihm einfach als selbstverständlich vorausgesetzte Thatsache des Sonnenbades muss die Notwendigkeit der Taufe Jesu darthun, denn auch er ist eine Sonne, die, im Osten aufgegangen, den Todten in der Unterwelt und den Sterblichen auf Erden scheint.[8])

Auch sonst muss Melito häufig auf eine Besprechung philosophischer Fragen gekommen sein, worauf die Titel mehrerer seiner Schriften deuten. Hierher ist zu ziehen der λόγος περὶ ἀληθείας,[9]) der wahrscheinlich zugleich apologetische Zwecke verfolgte: vielleicht hat sich an eine Darlegung der verschiedenen Versuche, die Wahrheit zu erkennen, ein Hinweis auf die Stelle, wo dieselbe in ihrem

---

[1]) Dass Melito sie als eine solche angesehen hat, ergiebt sich evident aus dem Vergleiche in der Schrift περὶ λουτροῦ, Pitra, Analecta sacra II, 5: καθάπερ σφαῖρα χαλκῆ πυρὸς ἔνδοθεν γέμουσα.
[2]) Pitra Analecta sacra II, 4. 5: ἥλιος μὲν τὸν τῆς ἡμέρας δρόμον πυρίναις ἱππεύμασι, ... δυσωπούμενος κάτεισιν εἰς τὸν ὠκεανόν.
[3]) Pitra, Analecta sacra II, 4: ἀμέτρητον ὠκεανὸν ... τὸ τοῦ ἡλίου βαπτιστήριον.
[4]) Pitra, Analecta sacra II, 5: λουσάμενος βαπτίσματι μυστικῷ, σφόδρα εὐφραίνεται, τὸ ὕδωρ ἔχων τροφήν· εἰς δὲ καὶ ὁ αὐτὸς ὤν, ὡς καινὸς τοῖς ἀνθρώποις ἀνατέλλει ἥλιος, τετονωμένος ἐκ βυθοῦ, κεκαθαρμένος ἐκ λουτροῦ.
[5]) Pitra, Analecta sacra II. 5: κατὰ δὲ τὸν τούτου δρόμον, καὶ ἡ τῶν ἄστρων κίνησις καὶ ἡ τῆς σελήνης φύσει ἐνεργεῖ· λούονται γὰρ εἰς τὸ τοῦ ἡλίου βαπτιστήριον, ὡς μαθηταί.
[6]) Pitra, Analecta sacra II, 5: καθάπερ σφαῖρα χαλκῆ, πυρὸς ἔνδοθεν γέμουσα, πολὺ φῶς ἀπαστράπτουσα, λούεται ἐν ὕδατι ψυχρῷ, μέγα ἠχοῦσα, λαμπρυνομένη δὲ ἀπ' αὐτῆς· τὸ δὲ πῦρ ἔνδοθεν οὐ σβέννυται, ἀλλὰ πάλιν ἀπαστράπτεται ἀνακαυθέν.
[7]) Pitra, Analecta sacra II, 3—5.
[8]) Pitra, Analecta sacra II, 5: εἰ δὲ ὁ ἥλιος σὺν ἄστροις καὶ σελήνῃ λούεται ἐν ὠκεανῷ, διὰ τί καὶ ὁ Χριστὸς ἐν Ἰορδάνῃ οὐ λούεται; Βασιλεὺς οὐρανῶν καὶ κτίσεως ἡγεμών, ἥλιος ἀνατολῆς, ὃς καὶ τοῖς ἐν ᾅδου νεκροῖς ἐφάνη καὶ τοῖς ἐν κόσμῳ βροτοῖς, καὶ μόνος ἥλιος οὗτος ἀνέτειλεν ἀπ' οὐρανοῦ.
[9]) Cf. p. 25, not. 2; p. 21, not. 2.

vollen Inhalt und in einer ihrem wahren Wesen entsprechenden Form ans Licht getreten sei, angeschlossen. Auch die Schrift περὶ φύσεως ἀνθρώπου¹) mag philosophische Elemente enthalten haben, mit voller Sicherheit lässt sich dies behaupten von der Schrift περὶ αἰσθητηρίων.²) Das Gleiche gilt von dem Werk περὶ ψυχῆς καὶ σώματος;³) aus diesem Titel können wir ersehen, dass Melito Dichotomiker gewesen ist. Hieraus hat sich ein Fragment in syrischer Uebersetzung⁴) erhalten, das sich aber nicht mit der Seele und dem Körper des Menschen, sondern nur mit Christus beschäftigt. Vielleicht fällt aus dieser scheinbaren Discordanz zwischen Titel und Inhalt ein Licht auf Melitos Christologie (s. unten Kapitel IV, 2, 2). Ueber den Charakter der Schrift ἡ κλείς⁵) lässt sich bei dem völligen Mangel jeglichen Anhalts kein Urteil mehr fällen; dass der Titel in philosophischem Sinne zu verstehen sei,⁶) ist ebenso unwahrscheinlich, wie die Annahme, dieses Werk habe sich mit der Schlüsselgewalt beschäftigt.⁷) Am wahrscheinlichsten bleibt immer noch die Vermutung, dass es eine Erschliessung des verborgenen typischen Sinnes verschiedener wichtiger Schriftstellen enthielt,⁸) doch lässt sich dann nichts Bestimmtes über seine Anordnung vermuten. Schon die Alten, Rufin und Hieronymus, wissen, wie man aus ihrer Uebersetzung sehen kann, nichts Genaues mehr.

Zweiter Abschnitt.
Die systematische Theologie.
Erster Teil.
Theologie und Logologie.

Auf der Grundlage der heiligen Schrift, in enger Anlehnung an die Regula fidei und mit Benutzung seiner philosophischen Kenntnisse hat Melito sein System christlicher Lehre aufgebaut und ist wegen dieser Erkenntnisprinzipien und des geschlossenen systematischen Charakters seiner Theologie als der erste wissenschaftliche Theologe innerhalb der christlichen Kirche zu bezeichnen. Es war

---
[1] Cf. p. 24, not. 5.
[2] Cf. p. 24, not. 7.
[3] Cf. p. 24, not. 8.
[4] Bei Otto l. c. IX, 419.
[5] Cf. p. 27, not. 1.
[6] So Baumgarten-Crusius, Kompendium der christl. Dogmengeschichte II, 81.
[7] So Schwegler, Der Montanismus S. 223 und Neander, Kirchengeschichte 1, 2, 1167.
[8] Dies ist auch Ottos Meinung l. c. IX, 401. 402.

ein bedeutendes Unternehmen, den allerdings auch entschieden wissenschaftlichen Systemen des Gnosticismus, die aber, weil nicht durch die Aussagen des Symbols gebunden, des kirchlichen Charakters entbehrten, eine zugleich wissenschaftliche und kirchliche Theologie entgegenzusetzen, welche trotz ihrer Verwendung alles theologischen und philosophischen Wissens durch die Bestimmungen der Glaubensregel ihre Spekulationen begrenzt wusste und die wissenschaftlich interessierten Elemente in und ausserhalb der Kirche für sich gewinnen musste. Dies war unendlich viel mehr wert, als eine gelegentliche Hervorhebung irgend eines gnostischen Lehrsatzes und seine Bekämpfung, denn auf diese Weise zeigte Melito nicht nur, wie man nicht, sondern zugleich, wie man besser spekulieren sollte. Das ist der grosse Fortschritt über die nachapostolischen und apologetischen Schriftsteller hinaus, den die Theologie Melitos repräsentiert.

Betrachten wir die Einzelheiten seines Systems genauer, so scheint sich gleich am Anfang, bei der Lehre von Gott, eine Schwierigkeit zu ergeben: es tritt uns eine Anschauung entgegen, die sich scheinbar in das Ganze seiner theologischen Ausführungen nicht eingliedern lassen will. Origenes berichtet uns nämlich,[1]) dass Melito, bewogen durch die Glieder Gottes, die im alten Testament erwähnt werden, Gott eine Leiblichkeit zugeschrieben habe. Nun wissen wir aber aus Melitos eigenen Schriften, dass er eine Unkörperlichkeit des Logos vor dessen Menschwerdung gelehrt hat;[2]) mag er nun auch davon entfernt gewesen sein, Gott den Vater und den göttlichen Logos als wesensgleich anzusehen, was sich nicht mehr mit Sicherheit ermitteln lässt,[3]) so konnte er doch nicht den Gegensatz zwischen beiden so spannen, dass er eine so grosse Verschiedenheit der Substanz' beider voraussetzte, dass Gott körperlich, der Sohn aber unkörperlich wäre. Dazu kommt noch ein Umstand, um

---

[1]) Origenes, Selecta in Genesim, opp. VIII, 49 s.: ... Μελίτων, συγγράμματα καταλελοιπὼς περὶ τοῦ ἐνσώματον εἶναι τὸν θεόν. Μέλη γὰρ θεοῦ ὀνομαζόμενα εὑρίσκοντες ... ἄντικρυς φάσκουσι ταῦτα οὐχ ἕτερόν τι διδάσκειν ἢ τὴν μορφὴν τοῦ θεοῦ. Πῶς δὲ, φασί, καὶ ὤφθη ὁ θεὸς τῷ Ἀβραὰμ καὶ Μωσῇ καὶ τοῖς ἁγίοις μὴ μεμορφωμένος; Μεμορφωμένος δὲ κατὰ ποῖον χαρακτῆρα ἢ τὸν ἀνθρώπινον; Καὶ συνάγουσι μυρία ῥητὰ μέλῃ ὀνομάζοντα θεοῦ.

[2]) Περὶ ψυχῆς καὶ σώματος bei Otto l. c. IX, 419: pater misit filium suum e coelo sine corpore. περὶ σταυροῦ bei Otto l. c. IX, 419: venit ad nos ... cum sit incorporeus.

[3]) Doch vergleiche man die Worte servi speciem indutus est et patris speciem non mutavit bei Otto l. c. IX, 420; hiernach muss ihm, da er eine species patris besitzt, wesentliche Gleichheit mit dem Vater zugeschrieben werden. Bewiesen wird dasselbe durch den Ausdruck deus ex deo bei Otto l. c. IX, 421 und durch die Thatsache, dass für Melito Gott und Christus gleiche Anbetung und Verehrung verdienen: μόνου θεοῦ, τοῦ πρὸ πάντων καὶ ἐπὶ πάντων, καὶ τοῦ Χριστοῦ αὐτοῦ, ὄντος θεοῦ, λόγου πρὸ αἰώνων, ἐσμὲν θρησκευταί.

uns zu der Vermutung zu bestimmen, dass die Ausdrücke des Origenes nicht streng wörtlich zu fassen sind. Gennadius[1]) unterscheidet scharf und bestimmt Melito und Tertullian einerseits und die Anthropomorphiten und Audianer andererseits; hätte Melito in dem Sinne von Gott gelehrt, wie man bis jetzt allgemein auf Grund des Berichtes bei Origenes angenommen hat, so wäre diese Trennung Melitos von den Anthropomorphiten, mit deren Anschauungen dann doch seine Lehre zusammenfallen müsste, vollständig unerklärlich. Diese Ansicht wird auch, wenn wir die Worte des Origenes genauer betrachten, bestätigt. Hiernach fand Melito im alten Testamente Erzählungen von Theophanien, so von Abraham und Moses; wie kann aber, so fragte er sich bei der Lektüre dieser Stellen, Gott sich zeigen, wenn er nicht gestaltet ist? Diese Gestalt kann aber naturgemäss nur die menschliche sein; also hat Gott, wenn er den Menschen erschien, menschliche Gestalt angenommen. Dass dieselbe aber zu Gottes Substanz gehöre und von ihm untrennbar sei, kann Melito nicht behauptet haben; wie hätte er sonst von dem fleischgewordenen Logos Worte wie invisibilis, incomprehensibilis, incommensurabilis,[2]) die doch offenbar auf dessen göttliche Natur gehen, gebrauchen können? Wenn Origenes aus diesen Behauptungen Melitos zu folgern scheint, — aber auch nur scheint, gewiss ist dies nicht, da die Worte sich auch anders deuten lassen, — dass Melito anthropomorphische Vorstellungen von Gott gehabt habe, so beruht dieser Schluss auf durchaus unberechtigter Konsequenzmacherei. Melito hat sicherlich entschieden in geistigem Sinne von Gott gedacht, wie seine christlichen Zeitgenossen in der Kirche überhaupt, nur hat er als das Subjekt der alttestamentlichen Theophanien nicht, wie meistens geschah, den Logos, sondern, gewiss den ursprünglichen Anschauungen der darüber berichtenden Schriftsteller mehr entsprechend, Gott selbst angenommen. Er konnte sich aber wegen der Beschränktheit der Menschen nicht eine Erscheinung des unveränderten geistigen Gottes denken und hat ihm deshalb für diese Zeiten, aber auch nur während ihrer Dauer, eine Leiblichkeit zugeschrieben. Diese Anschauungen hat er dann, sicherlich im Zusammenhang mit den alttestamentlichen Theophanien überhaupt in der Schrift περὶ ἐνσωμάτου θεοῦ[3])

---

[1]) Gennadius de dogm. eccl. c. 4: nihil corporeum (in trinitate credimus), ut Melito et Tertullianus, nihil corporaliter effigiatum, ut Anthropomorphus et Audianus.

[2]) Otto l. c. IX, 419.

[3]) Eusebius, hist. eccl. IV, 26, 2.

vorgetragen, welche jedenfalls dem Rufin und Hieronymus nicht mehr bekannt gewesen ist.[1])

Neben Gott dem Vater besteht als zweites göttliches Wesen der Sohn, den Melito als νοῦς τέλειος und λόγος θεοῦ bezeichnet hat,[2]) also mit Rücksicht auf seine innergöttliche Existenz und auf sein aussergöttliches Hervortreten. Er ist vom Vater gezeugt vor allem Anfang, ipse est qui ante lucem[3]) oder ante solem[4]) genitus est, daher ist er primogenitus dei;[5]) wie Melito sich diesen Akt der Zeugung vorgestellt hat, lässt sich nicht mehr ermitteln. Als νοῦς und λόγος θεοῦ ist der Sohn körperlos, ἄσαρκος oder ἀσώματος, sine corpore, incorporeus.[6]) Den Spekulationen über den göttlichen Geist hat Melito gar keinen oder doch nur geringen Raum gegönnt; ja aus der Art, wie er als wirksam in den Propheten und Geistern den Logos einführt (in prophetis propheta, ... in spiritibus spiritus)[7]) und diesen selbst »Geist« (spiritus) nennt, kann man schliessen, dass er, gleich manchen anderen christlichen Lehrern der ältesten Kirche, Sohn und Geist identificiert hat.

Tritt auch das kosmologische Interesse an der Wirksamkeit des präexistenten Logos in der Welt und auf die Welt bei Melito mehr zurück, so fehlt es doch nicht ganz. Der Logos hat »im Anfange Himmel und Erde geschaffen, das Licht hervorgerufen, den Tag erhellt, die Finsternis verscheucht, die Grundlagen des Weltalls festgestellt, die Erde »aufgehängt«, die Wasser der Tiefe gesammelt, das Firmament ausgebreitet und die Welt geschmückt.«[8]) Allerdings wird ein Mithandeln des Vaters behauptet,[9]) aber die ganze Art der Ausführung zeigt, dass Melito dem Logos den Hauptanteil an der Weltgründung zugeschrieben hat. Derselbe hat denn auch, — bald wird hierbei der Vater miterwähnt, bald nicht,[10]) — nach der Schöpfung der Welt den Menschen gebildet (formavit).[11]) Seine Hauptwirksam-

---

[1]) Cf. p. 26, not. 2.
[2]) Otto l. c. IX, 420: ipsum esse mentem perfectam, verbum dei.
[3]) Otto l. c. IX, 420.
[4]) Otto l. c. IX, 422.
[5]) Otto l. c. IX, 422: nesciisti ... hunc fuisse primogenitum dei.
[6]) Otto l. c. IX, 419.
[7]) Otto l. c. IX, 420.
[8]) Otto l. c. IX, 420: ipse est creator cum patre; 423: hic est qui initio coelum et terram; 422: qui ut lux oriretur effecit, qui diem illustravit, qui tenebras dissipavit, qui primum fundamentum fixit, qui terram suspendit, qui profundum collegit, qui firmamentum expandit, qui mundum exornavit.
[9]) Otto l. c. IX, 420: ipse est creator cum patre.
[10]) Otto l. c. IX, 420: ipse est formator hominis; 422: dominum tuum qui te formavit; andererseits 423: initio cum patre hominem formavit.
[11]) Siehe die vorhergehende Note.

keit entfaltete der göttliche Logos im Leben der Menschen, vor allem im israelitischen Volke. Dieses hat er als solches geschaffen und auserwählt, ihm seine Ehrenvorrechte verliehen und den Namen Israel gegeben;[1]) weshalb er im vornehmsten Sinne als dessen Herr anzusehen ist.[2]) Er war hier in omnibus omnia: die Führung der Patriarchen, die Gesetzgebung, die Einsetzung der Priester und die Gründung der Theokratie, die Leitung der Könige, die Inspirierung der Propheten, dies alles ist sein Werk.[3]) Bei allen wichtigen Ereignissen der israelitischen Geschichte war er thätig; die grossen Männer des alten Bundes, Noah, Abraham, Isaak, Jakob, Joseph, Moses, Josua, David und die Propheten, haben nicht von sich aus gehandelt und geredet, sondern was ihrer Thätigkeit zu Grunde lag, sie leitete und mit Kraft erfüllte, war der göttliche Logos.[4])

So hat Melito zwar das kosmologische Wirken des Logos bei der Weltgründung und -verwaltung entschieden betont, aber sein Interesse hat sich in erster Linie der Thätigkeit desselben in der alttestamentlichen Heilsgeschichte zugewandt; ja aus der scharfen Betonung der Wirksamkeit des Logos im israelitischen Volke[5]) könnte man schliessen, dass Melito eine Ueberweisung der Israeliten an den Logos durch Gott als in erster Linie zu dessen Interessensphäre gehörig gelehrt hat.

Damit war aber der prinzipielle Gegensatz gegen den Gnosticismus so scharf und präcis wie nur irgend möglich ausgesprochen. Das Gebiet, welches nach den Anschauungen der Gnostiker von einem bösen oder jedenfalls doch weniger mächtigen Gotte verwaltet wurde, überwies Melito der Wirksamkeit des eingeborenen Sohnes des die Welt regierenden Gottes selbst. Auf diese Weise wurde die Kluft, die in den Systemen der Gnostiker zwischen den beiden Testamenten klaffte, vollständig überbrückt; derselbe Christus, von dessen Geburt, Leiden, Tod und Auferstehung das neue Testament berich-

---

[1]) Otto l. c. IX, 422: qui te formavit, eum qui te creavit, qui te honoravit, qui te Israel vocavit.

[2]) Otto l. c. IX, 422: dominum tuum.

[3]) Otto l. c. IX, 420: ipse est qui in omnibus omnia erat: ipse est qui in patriarchis patriarcha erat, in lege lex, in sacerdotibus princeps sacerdotum, in regibus gubernator, in prophetis propheta.

[4]) Otto l. c. IX, 420: hic enim est qui Noacho fuit gubernator, ipse qui Abrahamum duxit, ipse qui cum Isaaco ligatus est, ipse qui cum Jacobo peregre fuit, ipse qui cum Josepho venditus est, ipse qui cum Mose fuit dux, ipse qui cum Josua filio Nunis distribuit haereditatem, ipse qui per Davidem et prophetas praedixit passiones suas.

[5]) Man beachte besonders die Fragmente aus den Schriften de fide und εἰς τὸ πάθος bei Otto l. c. IX, 420—423.

tete, der den Menschen die Erlösung mit Gott gebracht, wirkte zugleich als präexistenter göttlicher Logos im israelitischen Volke und im alten Bunde. Diese Verknüpfung der beiden Testamente war nur möglich durch die Annahme und weitere Ausbildung der Logoslehre; darum ist sie, aufs engste vereinigt mit der Christologie, stets mit solcher Energie von Melito betont worden. Sie richtet ihre Spitze gegen die Gnostiker, und wer sie acceptiert hatte und in richtiger Weise handhabte, war nicht nur gegen alle Einwirkungen des Gnosticismus gefeit, sondern konnte auch in wirksamster Weise zum Angriff gegen ihn vorgehen.

Zweiter Teil.
Anthropologie, Christologie und Soteriologie.

In gegensätzlicher Weise gegen den Gnosticismus scheint Melito auch seine Anthropologie ausgebildet zu haben. Origenes berichtet uns, dass Melito die Gottebenbildlichkeit des Menschen in dem Körper gesehen habe;[1]) jedenfalls wird die Seele hier aber hinzuzufügen sein, so dass nach seiner Ansicht Leib und Seele nach dem Bilde Gottes geschaffen sind.[2]) Nun war es aber eine spezifisch gnostische Lehre, dass zum Wesen der Materie das Böse als ihr inhaerierend gehöre.[3]) Mit dieser Anschauung musste sich notwendig eine Verachtung des Körpers und der Leiblichkeit verbinden, die entweder die grausamste Ertötung des Fleisches oder den wildesten, zügellosesten Antinomismus im Gefolge hatte.[4]) Beide Extreme erscheinen als entschieden unchristlich. Dem gegenüber schnitt Melito die Wurzel dieser Anschauungen in radikalster Weise durch, indem er durch die oben erwähnte Lehre jeder Verachtung des nach Gottes oder Christi Bilde geschaffenen Leibes alle Berechtigung nahm.[5]) Steht dies fest, — und es ist als höchst wahrscheinlich anzunehmen, — dann werden auch die Schriften, welche mit der Anthropologie sich

---

[1]) Origenes, Selecta in Genesim, opp. VIII, 49: προδιαληπτέον πρότερον, ποῦ συνίσταται τὸ „κατ' εἰκόνα", ἐν σώματι ἢ ἐν ψυχῇ. Ἴδωμεν δὲ πρότερον, οἷς χρῶνται οἱ τὸ πρῶτον λέγοντες· ὧν ἐστι καὶ Μελίτων.
[2]) So urteilt auch Harnack, Lehrbuch der Dogmengeschichte I. 487, not. 6.
[3]) Harnack, Lehrbuch der Dogmengeschichte I, 219.
[4]) Harnack, Lehrbuch der Dogmengeschichte I, 224.
[5]) Eine derartige Hochschätzung des Leibes ist in der alten Kirche nicht ganz ohne weitere Beispiele, man vergleiche Tertullian, de bapt. 5; de resurrectione carnis 6. Aus Pseudojustin, περὶ ἀναστάσεως c. 7. (ed. Otto, Corpus Apologetarum II, 232 ff.) erfahren wir auch die Motive, welche zur Annahme einer derartigen Lehre geführt haben: es ist geschehen, um gegen die Leugner der Leibesauferstehung eine Waffe zu erhalten. Diese argumentierten aus der

beschäftigt haben, — es kommen hier die Werke περὶ φύσεως ἀνθρώπου[1]) und περὶ πλάσεως[2]) in Frage, — dem Gegensatze gegen den Gnosticismus angehören.

Die vom göttlichen Logos gebildeten Menschen sind durch den Sündenfall ihrer ursprünglichen gottgemässen Bestimmung entfremdet; der Tod ist zwischen sie getreten und hat sie in das tiefe Grab gestürzt.[3]) Melito muss die ganze Menschheit als eine grosse Gesamtheit angesehen haben, die der Tod getrennt hat, so dass jetzt nur noch einzelne Glieder derselben zerstreut vorhanden sind.[4]) Dass er auch dem Teufel eine Herrschaft über die sündige Menschheit zugeschrieben hat, ist an sich wahrscheinlich, und lässt sich auch direkt beweisen aus der Art, wie das Erlösungswerk Christi bezeichnet wird mit den Worten: pede deculcavit mortem et vinxit potentem et solvit hominem.[5]) Eben hierauf weisen auch die Ausdrücke propter genus Adami quod in vinculis erat. Ganz klar wird endlich dieser Sachverhalt durch die Stelle aus Melitos Schrift περὶ ψυχῆς καὶ σώματος bei Alexander von Alexandrien: spernendo mortem

irdischen Substanz (und der Sündhaftigkeit) des Körpers gegen die Möglichkeit seiner Wiederbelebung (ἀτιμάζοντας τὴν σάρκα καὶ φάσκοντας μὴ ἀξίαν εἶναι τῆς ἀναστάσεως μηδὲ τῆς ἐπουρανίου πολιτείας, ὅτι πρῶτον αὐτῆς ἐστιν ἡ οὐσία γῆ, μετέπειτα δὲ καὶ μεστὴ γέγονε πάσης ἀμαρτίας p. 232, 1 f.). Dem gegenüber wird betont, dass das Wesen des Leibes nicht Erde, sondern Fleisch sei und dass derselbe nach Gottes Bilde geschaffen worden (σαρκικὸν δῆλον ὅτι λέγει ἄνθρωπον· φησὶ γάρ ὁ λόγος· καὶ ἔλαβεν ὁ θεὸς χοῦν ἀπὸ τῆς γῆς καὶ ἔπλασε τὸν ἄνθρωπον· δῆλον οὐκ ὡς κατ' εἰκόνα θεοῦ πλασσόμενος ὁ ἄνθρωπος ἦν σαρκικός p. 234, 8 f.). Dann ist es aber absurd, zu behaupten, dass der von Gott nach seinem Bilde geschaffene Leib ohne Ehre und Wert sei, vielmehr muss derselbe seinem Schöpfer wertvoll sein, kann also nicht, — damit war der rationelle Beweis der Möglichkeit und Selbstverständlichkeit der Auferstehung desselben geliefert, — dem gänzlichen Untergange anheimfallen (εἶτα πῶς οὐκ ἄτοπον, τὴν ὑπὸ θεοῦ σάρκα πλασθεῖσαν κατ' εἰκόνα τὴν ἑαυτοῦ φάσκειν ἄτιμον εἶναι καὶ οὐδενὸς ἀξίαν; ὅτι δὲ τίμιον κτῆμα ἡ σὰρξ παρὰ θεῷ δῆλον πρῶτον μὲν ἐκ τοῦ πρὸς αὐτοῦ πεπλάσθαι, εἴ γε καὶ εἰκὼν τῷ πλάστῃ καὶ ζωγράφῳ τιμία γινομένη· καὶ ἐκ τῆς λοιπῆς δὲ κοσμοποιίας μαθεῖν πάρεστιν· οὗ γὰρ ἕνεκα γέγονε τὰ λοιπὰ τοῦτο πάντων τῷ ποιήσαντι τιμιώτατον.) Ob auch dem Melito derartige Gedankengänge nicht fremd gewesen sind — unmöglich ist es nicht, — lässt sich jetzt nicht mehr erkennen.

[1]) Cf. p. 24, not. 5.
[2]) Cf. p. 24, not. 6.
[3]) Otto l. c. IX, 421: homines suscitavit e terra, e profundo sepulcro, und eben dort: suscitavit genus Adami e profundo sepulcro.
[4]) Otto l. c. IX, 419: ut vivificaret hominem et colligeret membra eius quae mors disperserat, cum hominem divideret. Auf die Auffassung von einem Kollektivzusammenhange der gesamten Menschheit deutet auch der Ausdruck genus Adami bei Otto l. c. IX, 421 und 422. Diese Worte scheinen auch der Vermutung Raum zu geben, dass Melito die Sünde und den Tod durch die Uebertretung Adams in die Menschheit hineingekommen sich dachte. Noch wahrscheinlicher gemacht wird dies Resultat durch einen Rückschluss aus der ihm so nah verwandten Theologie des Irenäus, bei dem diese Lehre klar und deutlich sich ausgesprochen findet; cf. hierüber im allgemeinen Harnack, Lehrbuch der Dogmengeschichte I, 503—506.
[5]) Otto l. c. IX, 419.

rebellem volebat homicidam occidere;[1]) hier wird deutlich durch die Worte rebellem und homicidam (ἀνθρωποκτόνος Joh. 8. 44) der Satan gekennzeichnet. So war das Menschengeschlecht vor Gott als schuldig befunden,[2]) in seinen Gliedern von einander getrennt und zerstreut, in der Gewalt des Todes und des Teufels; da bereitete ihm Gott die Erlösung.

Propterea pater misit filium suum e coelo sine corpore, ut, postquam incarnatus esset in utero virginis et natus esset homo, vivificaret hominem et colligeret membra eius, quae mors disperserat, cum hominem divideret:[3]) diese Worte bezeichnen aufs trefflichste Melitos Christologie und Soteriologie in ihrer engen Verknüpfung mit der Theologie und Logologie einerseits und mit der Anthropologie andererseits. Die Christologie steht ihm im Mittelpunkt des Interesses, sie ist der Nerv seiner Theologie, sie hat er behandelt in mehreren seiner Schriften. In erster Linie ist hier zu nennen das grosse, aus mindestens drei Büchern bestehende Werk περὶ σαρκώσεως Χριστοῦ,[4]) ferner die Schriften περὶ κτίσεως καὶ γενέσεως Χριστοῦ,[5]) εἰς τὸ πάθος,[6]) περὶ σταυροῦ.[7]) Auch in anderen Arbeiten, die sie, nach den Titeln zu schliessen, nicht ex professo behandeln, kommt er auf die Christologie zu sprechen, so in den Werken περὶ ψυχῆς καὶ σώματος[8]) und περὶ ὑπακοῆς πίστεως (de fide).[9]) Auch hier richten sich die meisten seiner Ausführungen, mögen sie nun ausdrücklich diesen Zweck verfolgen oder auch ohne bestimmte Absicht hiergegen sich wenden, gegen die Gnostiker, unter denen besonders Marcion als heftig angefeindeter Gegner Melitos hervortritt.[10])

Christus ist immer vorweltlicher Gott geblieben, auch während der tiefsten Erniedrigung; das ist der Haupteindruck, den Melito von ihm gewonnen hat. Seine Gottheit hat er während der drei Jahre nach seiner Taufe durch die Wunder und Zeichen, die er that, erwiesen.[11]) Aber zugleich war er auch wahrer Mensch, aus-

---
[1]) Pitra, Analecta sacra IV, 432.
[2]) Otto l. c. IX, 422: eum qui noxius compertus erat.
[3]) Otto l. c. IX, 419.
[4]) Anastasius Sinaita Ὁδηγός c. 12. p. 260. Cf. oben p. 31—33.
[5]) Cf. p. 25, not. 3.
[6]) Anastasius Sinaita Ὁδηγός c. 12. p. 216; hieraus das Fragment XVI bei Otto l. c. IX, 421—423. Cf. p. 34. 35. 44—46.
[7] Otto l. c IX, 419. 420. Cf. p. 46—48.
[8]) Otto l. c. IX, 419.
[9]) Otto l. c. IX, 420. 421. Cf. p. 48—51. Ueber die Aufschrift cf. p. 50.
[10]) In der Schrift περὶ Σαρκώσεως Χριστοῦ.
[11] Anastasius Sinaita Ὁδηγός c. 13. p. 260: τὰ γὰρ μετὰ τὸ βάπτισμα ὑπὸ Χριστοῦ πραχθέντα, καὶ μάλιστα τὰ σημεῖα, τὴν αὐτοῦ κεκρυμμένην ἐν σαρκὶ θεότητα ἐδήλουν, καὶ ἐπιστοῦντο τῷ κόσμῳ. ... ἐπιστώσατο ἡμῖν τὴν μὲν θεότητα αὐτοῦ διὰ τῶν σημείων ἐν τῇ τριετίᾳ τῇ μετὰ τὸ βάπτισμα.

gestattet mit Leib und Seele, wie wir,[1]) mit menschlichen Bedürfnissen.[2]) Die Notwendigkeit, die wirkliche Menschheit Jesu darzulegen und gegen die doketische Christologie Marcions zu verteidigen, hat Melito recht wohl gefühlt, dabei aber zu einer recht merkwürdigen Waffe gegriffen. Er verlegt den von Marcion verlangten Nachweis seiner wahren Menschheit in die dreissig Jahre vor der Taufe, in denen er seine Gottheit, die ja von Anfang an vorhanden gewesen war, διὰ τὸ ἀτελὲς τὸ κατὰ σάρκα verborgen habe.[3]) Da wir nun aber über diese dreissig Jahre so gut wie nichts wissen, ist die Verweisung auf sie im Interesse der Darstellung seiner menschlichen Natur ein recht prekaeres Auskunftsmittel; zugleich wird dadurch, wenn auch nicht eine Trennung der beiden Naturen, so doch durch das Verhüllen der einen oder anderen ein eigentümliches Alleinvorherrschendsein der göttlichen oder menschlichen angenommen, welches der festen Verbindung beider zu Gunsten der Einheit der Person nicht eben förderlich ist. Uebrigens konnte auf diese Weise der Jordantaufe Jesu ein eigentümlicher Wert beigelegt werden, da an sie sich doch die Veränderung hinsichtlich der Darstellung der Naturen knüpft; doch beschränkte sich ihre Wichtigkeit für Melito wohl nur darauf, dass sie den Uebergang zur öffentlichen Thätigkeit bildete und dieselbe entsprechend einleitete. Jedoch hat Melito anderswo, wenn er nicht von direkten polemischen Interessen bestimmt und geleitet wurde, die Menschheit des Erlösers auch nach der Taufe betont, wenn auch die Schilderung seiner Gottheit stets den Kern der Darstellung bildet.

Die zwei Naturen, für die bei Melito zuerst der Ausdruck δύο οὐσίαι[4]) sich findet, die Thatsache, dass Christus θεὸς ὁμοῦ τε καὶ ἄνθρωπος τέλειος ὁ αὐτός[5]) ist, stehen unverrückbar fest, und nicht mit Unrecht hat der Verfasser des kleinen Labyrinths in der starken Betonung derselben das Charakteristische und Epochemachende der Theologie Melitos gesehen, wenn er sagt: τὰ Εἰρηναίου τε καὶ Μελίτωνος καὶ τῶν λοιπῶν τίς ἀγνοεῖ βιβλία, θεὸν καὶ ἄνθρωπον καταγγέλλοντα τὸν Χριστόν.[6])

Doch wichtiger und schwieriger zu beantworten ist die Frage: Wie hat sich Melito die Verbindung dieser beiden Naturen und ihre Wirksamkeit in der Person Christi gedacht?

---

[1]) Anastasius Sinaita Ὁδηγός c. 13. p. 260: ὧν καὶ ἄνθρωπος τέλειος... τὸ ἀληθὲς καὶ ἀφάνταστον τῆς ψυχῆς αὐτοῦ καὶ τοῦ σώματος, τῆς καθ' ἡμᾶς ἀνθρωπίνης φύσεως.
[2]) Otto l. c. IX. 420: cibo, in quantum homo erat, indigens.
[3]) Cf. p. 31. 32.
[4]) Anastasius Sinaita Ὁδηγός c. 13. p. 260.
[5]) Anastasius Sinaita Ὁδηγός c. 13. p. 260.
[6]) Eusebius, hist. eccl. V, 28, 5.

Der körperlose göttliche Logos nahm Fleisch an, inkarnierte im Leibe der Maria,[1]) und zwar war hier der Logos selbst thätig, um sich einen Körper menschlicher Bildung zu »weben.«[2]) Doch indem er so einen menschlichen Leib anzog,[3]) blieb er, was er war, göttlicher Logos, ohne die Ewigkeit und Einfachheit seiner göttlichen Natur zu verleugnen.[4]) Das Menschliche ist nur das Aeussere, Hinzugekommene, dem Erlöser die Gestalt Gebende, in Wahrheit ist und bleibt der Logos auch in der grössten Erniedrigung Gott von Art und Wesen.[5]) Eine Selbstentäusserung seiner Gottheit, eine Kenosis des Logos, hat Melito nicht gekannt. So kann es scheinen, als ob das Band, das die beiden Naturen verknüpft, nur wenig straff angezogen werde, und ein Auseinanderfallen beider jedenfalls in Bezug auf ihr Wirken unausbleiblich wäre, wenn nämlich der menschliche Körper, den sich Melito übrigens als aus Leib und Seele bestehend gedacht hat,[6]) nur so rein äusserlich hinzukommt. Aber in Wirklichkeit hat Melito es verstanden, in höchst eigentümlicher Weise beide Naturen zur Einheit der Person nicht zu verbinden, sondern zu verschmelzen dadurch, dass er die Eigenschaften und Thätigkeiten beider auf einander, besonders aber die der menschlichen Natur auf die Gottheit, doch auch umgekehrt übertrug. So schuf er eine Art von Idiomenkommunikation, neben der in der Theologie des Ignatius wohl die älteste in der Kirche, die wir kennen, und erzielte auf diese Weise den innigsten Zusammenhang und die möglichste Einheit beider Naturen vor allem in dem Wirken bei der Erlösungsthat. Nur unter dieser Beleuchtung ist die Christologie des Melito verständlich. Vielleicht lässt sich noch etwas Genaueres über die Art und Weise dieser Wechselwirkung beider Naturen auf einander und ihr gegenseitiges Verhältnis aussagen, doch ist dies allerdings nur eine Vermutung, die aber durch den Umstand, dass wir mit ihr offenbar den Schlüssel für das volle Verständnis der Christologie Melitos in der Hand haben, an Wahrscheinlichkeit gewinnt. In einem nicht

---

[1]) Otto l. c. IX, 419: pater misit filium suum e coelo sine corpore, ut postquam incarnatus esset in utero virginis. 418. 420: cum sit incorporeus. 420: qui in virgine incarnatus est. 421: hic est qui in virgine corporatus est. 423: qui in virgine corporatus est.
[2]) Otto l. c. IX, 420: corpus ex formatione nostra texuit sibi.
[3]) Otto l. c. IX, 420: corpus induens.
[4]) Otto l. c. IX, 420: aeternitatem naturae suae non fallens. simplicitatem naturae suae divinae non coarctans.
[5]) Otto l. c. IX, 420: qui servus reputatus est, dignitatem filii non denegavit . . . servi speciem indutus est et patris speciem non mutavit. Omnia erat immutabili natura.
[6]) Anastasius Sinaita Ὁδηγός c. 13. p. 260: τὸ ἀληθὲς καὶ ἀφάντασον τῆς ψυχῆς αὐτοῦ καὶ τοῦ σώματος.

ganz kurzen Fragmente περὶ ψυχῆς καὶ σώματος[1]) spricht Melito nicht, wie man nach dem Titel erwarten sollte, von der Seele und dem Leibe des Menschen, sondern allein von Christus; wie erklärt sich diese doch jedenfalls auffällige Erscheinung? Melito wird durch den Zusammenhang auf die Christologie zu sprechen gekommen sein; dies konnte er aber nur, wenn er sich das Verhältnis der göttlichen und menschlichen Natur in Christo proportional dem Verhältnisse der menschlichen Seele zum Leibe dachte. Durch diese Annahme werden alle Schwierigkeiten der Christologie des sardischen Bischofs mit einem Schlage gelöst. Die Seele ist das regierende und wirkende Element im Menschen; wenn sie sich auch des Körpers zur Auswirkung dessen, was sie will, bedient, so giebt sie doch die Befehle, und alle Thätigkeiten lassen sich darum recht wohl ihr zuschreiben; sie ist auch das Personbildende im Menschen, der Sitz seines Ich, und darum wird sie durch alles, was der Körper erleidet, in erster Linie getroffen. Dasselbe gilt auch von dem Verhältnisse der menschlichen zur göttlichen Natur in Christo: was beim Menschen die Seele ist, das ist bei Christus der göttliche Logos, dem sich der Körper mit Leib und Seele hinzufügt als sein Mittel und Werkzeug; scheint auch dieser zu wirken, so ist doch der Logos in erster Linie als thätig zu denken.

Und Melito hat vollen Ernst gemacht mit der Wirksamkeit des göttlichen Logos, und sich nicht gescheut, Prädikate von ihm auszusagen, die mit seiner Göttlichkeit nicht stimmen wollen und darum aufs höchste überraschen.[2]) Aber ihre Erklärung finden diese Aussagen, wie schon angedeutet, durch den Umstand, dass bei Melito das die Person Christi bildende Moment allein in der göttlichen Natur liegt; Thätigkeiten also, die von der ganzen Person ausgeführt werden, und alles, was dieser widerfährt, gilt in allererster Linie von dem göttlichen Logos. Auf diese Weise erhält Melito die Möglichkeit, eine fortgesetzte Teilnahme des Logos am Weltregimente ununterbrochen durch die Menschwerdung zu behaupten; derselbe, der im Schosse der Maria getragen,[3]) in Bethlehem geboren wurde und in Windeln gewickelt in der Krippe lag,[4]) ist der ewige, die

---

[1]) Otto l. c. IX, 419.
[2]) In erster Linie sei hier hingewiesen auf die Ausdrücke deus occisus est, mactaverunt deum, deus nudus erat in cruce bei Otto l. c. IX, 422 und analoge Stellen in allen vier syrischen Fragmenten bei Otto l. c. IX, 419—423.
[3]) Otto l. c. IX 420: a Maria portatus et patre suo indutus.
[4]) Otto l. c. IX, 420: ipse qui Bethlehemi natus est, ipse qui in praesepi fasciis circumdatus est ist ipse qui ante lucem genitus est, est creator cum patre.

Welt durchwaltende Logos. Während er als Lamm erschien, blieb er doch der Hirte aller Menschen;[1]) für einen Knecht wurde er gehalten und verleugnete doch nicht die Würde des göttlichen Sohnes;[2]) arm zeigte er sich und besass doch noch alle Reichtümer der Gottheit, deren er sich nicht entäussert hatte;[3]) als Mensch war er der Nahrung bedürftig, aber als Gott hörte er nicht auf, die Welt zu speisen;[4]) ohne die göttliche Gestalt, die er mit dem Vater teilte, abzulegen, hatte er Haltung und Aussehen eines Knechtes angenommen;[5]) er wandelte auf der Erde und erfüllte zugleich den Himmel;[6]) er stand vor Pilatus und sass zusammen mit dem Vater auf dem Himmelsthron;[7]) am Kreuze hängend hielt er das ganze Universum.[8])

Eine so energische Betonung der Einheit der Person kommt naturgemäss lediglich der stärkeren Hervorhebung der göttlichen Natur zu Gute, und wenn die eine einseitig als wirksam aufgefasst wird, können leicht die Eigenschaften der anderen Natur und ihre Eigentümlichkeiten verkürzt und in ihrem Einflusse zurückgedrängt erscheinen. So ist das Verhältnis bei der Christologie Melitos: die menschliche Natur gelangt nicht zu ihrem Rechte und eine Entwickelung des Erlösers als eines Menschen, wie wir sie doch deutlich ausgesprochen in den synoptischen Evangelien finden, ist bei dieser Gestalt der Christologie undenkbar; die für das Erlösungswerk ja so überaus wichtige Einheit der Person und die Hervorhebung der vollen Gottheit Christi ist durch eine Konzession nach der anderen Seite hin erkauft.

In diesem Zusammenhange ist auch eine volle Würdigung der Taufe Jesu unmöglich; wozu bedurfte der göttliche Logos noch der Salbung mit Geist? Melito weiss dieselbe nur kosmologisch zu rechtfertigen. Christus ist ihm der König der Himmel, die Sonne des Weltalls;[9]) und wenn die natürliche Sonne am Abend in ihr βαπτιστήριον,

---

[1]) Otto l. c. IX, 420: qui agnus visus est pastor mansit.
[2]) Otto l. c. IX, 420: qui servus reputatus est dignitatem filii non denegavit.
[3]) Otto l. c. IX, 420: pauper visus est et divitiis suis non se spoliavit.
[4]) Otto l. c. IX, 420: cibo, in quantum homo erat, indigens, et non desinens mundum alere, in quantum deus erat.
[5]) Otto l. c. IX, 420: servi speciem indutus est et patris speciem non mutavit.
[6]) Otto l. c. IX, 420: terram calcans et coelum implens.
[7]) Otto l. c. IX, 420: stabat coram Pilato et sedebat cum patre.
[8]) Otto l. c. IX, 420: affixus erat ligno et tenebat universum.
[9]) Pitra, Analecta sacra II, 5: βασιλεὺς οὐρανῶν καὶ κτίσεως ἡγεμών, ἥλιος ἀνατολῆς, ὃς καὶ τοῖς ἐν ᾅδου νεκροῖς ἐφάνη καὶ τοῖς ἐν κόσμῳ βροτοῖς, καὶ μόνος ἥλιος οὗτος ἀνέτειλεν ἀπ' οὐρανοῦ.

den Ocean, steigt, um dort gebadet und erfrischt zu werden,[1]) warum sollte da nicht die andere Sonne, Christus, im Jordan getauft werden?[2]) Ob Melito sich der prekären Natur dieses Beweises wohl bewusst war? Wenn man ihn nämlich näher ansah, musste er ein Argument gegen die Notwendigkeit der Jordantaufe werden; denn der Zweck des Eintauchens der Sonne in den Ocean ist nach seinen Ausführungen die Abspülung und Erfrischung derselben, liess sich derselbe auch auf die Taufe Christi übertragen? Von Melitos Standpunkte aus sicherlich nicht. Man merkt an diesem Punkte seiner Darstellung auch das Gezwungene und die Verlegenheit, in der er sich befindet, an.

Besonderen Fleiss hat Melito auf seine Darstellung des Leidens und Todes Christi und dessen, was hieraus für die Menschheit resultierte, verwandt; und gerade hier musste ihm seine entschieden theocentrische Christologie die grössten Dienste leisten, da hier nicht weniger als alles darauf ankam, dass Christus für die Menschheit nicht nur als Mensch, sondern zugleich als ewiger Gottessohn gelitten hat.

Christus ist das Lamm, das geschlachtet ist, ohne einen Laut von sich zu geben.[3]) Er ist getötet in der Mitte Jerusalems von dem undankbaren Volke der Juden,[4]) dem er während seines Erdenwallens so viele Wohlthaten erwiesen hat; wo er das Himmelreich verkündet, Lahme geheilt, Aussätzige gereinigt, Blinde sehend gemacht, Tote aufgeweckt hat.[5]) Dafür wird er zum Lohne gekreuzigt und getötet. In energischer Polemik wendet sich Melito gegen die Juden.[6]) die diesen ungeheuren Frevel verübt haben;[7]) sie haben den nicht erkannt, dem sie alles, ihre Existenz als Volk, ihre Sonderstellung

---

[1]) Pitra, Analecta sacra II, 4. 5: ἥλιος μὲν, διανύσας τὸν τῆς ἡμέρας δρόμον πυρίνοις ἱππεύμασι ... κάτεισιν εἰς τὸν ὠκεανὸν ... καὶ ὁ ἥλιος ... λουσάμενος ... βαπτίσματι μυστικῷ, σφόδρα εὐφραίνεται, ... τετονωμένος ἐκ βυθοῦ, κεκαθαρμένος ἐκ λουτροῦ.

[2]) Pitra, Analecta sacra II, 5: εἰ δὲ ὁ ἥλιος σὺν ἄστροις καὶ σελήνῃ λούεται ἐν ὠκεανῷ, διὰ τί καὶ ὁ Χριστὸς ἐν Ἰορδάνῃ οὐ λούεται;

[3]) Otto l. c. IX, 421: hic est agnus, qui mactatus est, hic est agnus vocis expers ... hic est qui ex grege sumtus et ad mactationem ductus est, et vespera mactatus et nocte sepultus est; zu vergleichen sind auch die Fragmente aus den Genesiscatenen.

[4]) Otto l. c. IX, 421: hic est qui occisus est. Et ubi occisus est? In medio Hierosolymorum. A quo? Ab Israele.

[5]) Otto l. c. IX, 421: qui regnum praedicavit. 421: eorum claudos sanaverat et eorum leprosos purgaverat et eorum caecis lumen dederat et eorum mortuos suscitaverat.

[6]) Otto l. c. IX, 422: Amari fuerunt clavi tui et acuti; amara lingua tua quam acueras; amarus fuit Judas quem corruperas; amari fuerunt falsi testes tui quos produxeras; amara bilis tua quam condieras; amarum acetum tuum quod paraveras; amarae manus tuae quae plenae sanguinis erant.

[7]) Otto l. c. IX, 421. 422: O Israel legem transcendens, cur hoc novum scelus commisisti, dominum in nova mala coniiciens.

vor allen anderen Nationen, ihren Namen, zu verdanken haben,[1]) und sind auf diese Weise aller Ehrenvorrechte verlustig gegangen.[2]) Er schleudert ihnen den furchtbaren Vorwurf entgegen: Gott ist getötet, der König Israels geschlachtet durch die israelitische Rechte![3]) Das jüdische Volk aber hat sich auf diese Weise selbst das Urteil gesprochen: es liegt da, niedergestreckt zur Erde, tot.[4])

Die Christen sind aber durch den Tod ihres Herrn und die darauf folgende Auferstehung erlöst und in die Gemeinschaft mit Gott zurückgeführt. Zwar war der Zweck des Leidens und Sterbens Christi anfangs verborgen; die Elemente selbst entsetzten sich darüber, weil die Menschen es nicht thaten;[5]) die Erde erzitterte, ihre Grundfesten wurden erschüttert, die Sonne floh und der Tag verwandelte sich in Nacht. Denn die Kreatur nahm Anstoss daran, dass ihr Herr am Kreuze hänge.[6]) »Was ist dies für ein neues Geheimnis?« so lässt Melito sie fragen, »der Richter wird gerichtet und ist ruhig; der Unsichtbare wird gesehen und errötet nicht; der Ungreifbare wird ergriffen und ist nicht unwillig; der Unmessbare wird gemessen und widerstrebt nicht; der des Leidens nicht Fähige leidet und rächt sich nicht; der Unsterbliche stirbt und erwidert kein Wort; der Himmlische wird begraben und erträgt es.«[7]) Doch als derselbe durch die Auferstehung am dritten Tage als allmächtigen Gottessohn sich erwiesen hat, da erkennt alle Kreatur, weshalb dieses alles geschehen ist.[8])

---

[1]) Otto l. c. IX, 422: dominum tuum, qui te formavit, eum qui te creavit, qui te honoravit, qui te Israel vocavit.

[2]) Otto l. c. IX, 422: tu vero non inventus es Israel; nam non vidisti deum nec cognovisti dominum.

[3]) Otto l. c. IX, 422: deus occisus est, rex Israelis mactatus est israelitica dextra. Anastasius Sinaita 'Οδηγός c. 12. p. 216: θεὸς πέπονθεν ὑπὸ δεξιᾶς ἰσραηλίτιδος.

[4]) Otto l. c. IX, 422: proiecisti dominum tuum, tu quoque proiectus es ad terram. Et tu iaces mortuus.

[5]) Otto l. c. IX, 422: quia populus non tremuit, tremuit terra; quia ille non metuit, metuit creatura.

[6]) Otto l. c. IX, 419: terra tremuit, et fundamenta eius concussa sunt, fugit sol, et elementa subversa sunt, et dies immutatus est; non enim potuerunt ferre dominum suum pendere a ligno.

[7]) Otto l. c. IX, 419: et horruit creatura stupescens ac dicens: „Quidnam est hoc novum mysterium? Judex iudicatur et quietus est; invisibilis videtur neque erubescit; incomprehensibilis prehenditur neque indignatur; incommensurabilis mensuratur neque repugnat; impassibilis patitur neque ulciscitur; immortalis moritur neque respondet verbum; coelestis sepelitur et fert."

[8]) Otto l. c. IX 419: At cum dominus noster surrexit e mortuis et pede deculcavit mortem et vinxit potentem et solvit hominem: tunc intellexit omnis creatura propter hominem iudicatum esse iudicem et invisibilem visum esse et incommensurabilem mensuratum esse et impassibilem passum esse et immortalem mortuum esse et coelestem sepultum esse.

Und hier gelangen wir zu dem festen Punkte, in dem Christologie und Soteriologie bei Melito einander begegnen, und wo zugleich die innige Verknüpfung mit der Anthropologie erfolgt. Das Leiden, der Tod und die Auferstehung des Herrn ist geschehen propter hominem,¹) propter genus Adami;²) auf diese Weise hat der Sohn die ihm vom Vater gestellte Aufgabe, die Menschheit zu erlösen vom Tode, in dem sie sich befand, erfüllt.³) Ueber die Art und Weise der Vollbringung der Erlösung gehen bei Melito verschiedene Auffassungen neben einander her. Einmal findet sich die Anschauung von einer Befreiung der Menschen aus der Gefangenschaft des Teufels; Christus hat durch seine Todesverachtung den Satan töten wollen,⁴) durch seine Auferstehung den Mächtigen gefesselt und auf diese Weise den Menschen erlöst.⁵) Hierdurch ist auch der Tod niedergetreten und die Macht, die er über den Menschen besass, gebrochen.⁶) Dann findet sich aber auch, — und sie ist entschieden vorherrschend, — die Idee eines stellvertretenden Leidens Christi; das, was die Menschen eigentlich thun sollten, hat er auf sich genommen, erfüllt und so den Fluch, der auf ihnen lag, beseitigt. Er ist iudicatus propter eum qui noxius compertus erat; vinctus propter genus Adami quod in vinculis erat; passus est propter eos qui patiuntur; sepultus propter eum qui sepultus erat,⁷) und an einer anderen Stelle heisst es: iudicatus est ut gratiam praestaret, vinctus est ut solveret, prehensus est ut laxaret, passus est ut misericordiam haberet, mortuus est ut vivificaret, sepultus est ut resuscitaret.⁸) So hat er durch Tod und Auferstehung das erreicht, was der eigentliche Zweck seiner Menschwerdung war, die Belebung und Erweckung der Menschen;⁹) aus dem tiefen Grabe, in dem sie lagen, hat er sie

---

¹) Otto l. c. IX, 419.
²) Otto l. c. IX, 422.
³) Otto l. c. IX, 419: ut vivificaret hominem. Pitra, Analecta sacra IV, 432: passiones placavit illius qui illi similis erat et moriendo occidit mortem, cuius causa super terram descenderat.
⁴) Pitra, Analecta sacra IV, 433: spernendo mortem Satanam volebat homicidam occidere.
⁵) Otto l. c. IX, 419: vixit potentem et solvit hominem und vergleiche die in Anmerkung 3 angeführte Stelle aus Pitra.
⁶) Otto l. c. IX, 419: pede deculcavit mortem.
⁷) Otto l. c. IX, 422.
⁸) Otto l. c. IX, 419.
⁹) Otto l. c. IX, 419: pater misit filium suum . . . ut . . vivificaret hominem. Das stellvertretende Moment seines Leidens findet sich deutlich hervorgehoben durch die Worte bei Pitra, Analecta sacra IV, 432. 433: unus enim condemnatus est, sed millia millium liberata sunt. Unus sepultus est, sed millia millium resurrexerunt.

hinaufgeführt zur Höhe des Himmels.¹) So kommen sie durch seine Erlösung an den Platz, den die christliche Religion als höchstes und letztes Ziel verheisst, ad altitudinem coeli. Auf diese Weise fallen auch ganz von selbst die Schranken, welche die einzelnen Teile der Menschheit bis dahin von einander trennten, nieder, und die Menschen können als Ganzes, vereinigt unter ihrem Haupte, Christus, in die Verbindung und Gemeinschaft mit Gott wieder eintreten.²)

Ob Melito auch eine Erlösung und Beseligung der Toten im Hades angenommen hat, ist nicht sicher zu beweisen; die eine Stelle, an der er auf die Fahrt Christi in die Unterwelt im Zusammenhange mit seinen Spekulationen von Christus als der Sonne des Weltalls gekommen ist, scheint dies zu lehren, wenigstens dürfte diese Anschauung den Worten ὃς καὶ τοῖς ἐν ᾅδου νεκροῖς ἐφάνη wahrscheinlich zu Grunde liegen.³)

Jedenfalls hat Melito das Werk Christi mit seiner Himmelfahrt nicht abgeschlossen gedacht, sondern eine fortgesetzte Thätigkeit Christi während seines Sitzens zur Rechten des Vaters gelehrt. Auch von hier aus wirkt er fort nicht nur in der Kirche, sondern auch ausserhalb derselben: er sucht die Verlorenen, erleuchtet die, welche in der Finsternis des Heidentums sitzen, mit christlicher Erkenntnis und befreit sie aus ihrer Haft.⁴) Der Kirche aber, deren Bräutigam er ist, nimmt er sich stets und ständig an, besonders durch seine Sorge für ihre irrenden Glieder, die er auf den rechten Weg leitet, und für die Betrübten in ihr, deren Zuflucht er bildet.⁵) Derselbe Christus steht zugleich an der Spitze der himmlischen Scharen, er ist der Leiter der Cherubim, der Fürst des Engelheeres.⁶) So kann Melito in einem erhabenen Erguss christlicher Frömmigkeit seiner Liebe zu dem Erlöser vollen Ausdruck geben und ihn preisen als den, qui ad dextram patris sedet, qui est requies defunctorum, repertor perditorum, lumen eorum qui sunt in tenebris, redemtor captivorum, rector errantium, refugium moerentium, sponsus ecclesiae, auriga Cherubim, princeps exercitus angelorum, deus ex deo, filius

---

¹) Otto l. c. IX, 421: homines suscitavit e terra, e profundo sepulcro in altitudinem coeli. 421: suscitavit genus Adami e profundo sepulcro.
²) Zur Wiederherstellung des status quo ante gehört auch die Wiedervereinigung der Menschen, und dass Christus von Melito als ihr Haupt angesehen ist, folgt aus den Worten dux eorum qui salvantur bei Pitra, Analecta sacra IV, 433.
³) Pitra, Analecta sacra II, 5.
⁴) Otto l. c. IX, 421.
⁵) Otto l. c. IX, 421.
⁶) Otto l. c. IX, 421.

ex patre, Jesus Christus rex in saecula.[1]) Dass diesem Christus zugleich mit dem Vater die Verehrung und Anbetung der Gläubigen zukommt, versteht sich von selbst, und Melito hat dies auch ausdrücklich vor dem grössten Publikum in der exoterischen Apologie behauptet: μόνου θεοῦ, τοῦ πρὸ πάντων καὶ ἐπὶ πάντων, καὶ τοῦ Χριστοῦ αὐτοῦ, ὄντος θεοῦ, λόγου πρὸ αἰώνων, ἐσμὲν θρησκευταί.[2]) Ein Bekenntnis zum heiligen Geiste findet sich nirgendwo in seinen Schriften; für ihn war in einer Theologie, die sogar die Wirksamkeit in der Kirche und die Inspiration der Propheten Christo überlässt, kein Raum.

Wie Melito über die Heilsaneignung seitens der Menschen gedacht hat, lässt sich nicht mehr mit Genauigkeit ermitteln, doch kann man aus dem Titel der Schrift περὶ ὑπακοῆς πίστεως, wie aus dem wahrscheinlich ihr entnommenen de fide überschriebenen Fragmente, mit vollem Rechte erschliessen, dass er den Glauben an Christus und den aus ihm hervorgehenden Gehorsam in der Lebensführung energisch betont haben muss; in welchem Sinne er aber diese πίστις aufgefasst hat, bleibt unklar. Die Sündenvergebung hat er als durch Taufe und Martyrium um Christi willen erworben aufgefasst.[3])

Ueberblicken wir nun noch einmal sein ganzes System, so sind als besonders hervorragend und Epoche machend drei Momente in ihm zu betrachten: Die Stellung, welche die Christologie in der Mitte des Ganzen als Nerv der Theologie überhaupt einnimmt, um welche sich alle übrigen Ausführungen gruppieren, das energische Dringen auf die Einheit der Person Christi und die enge Verknüpfung der Christologie mit der Soteriologie, das hohe Interesse für das christliche Heil, die stete Hervorhebung des Satzes: Dominus passus et mortuus est propter hominem, ut vivificaret hominem. Die Hauptschwächen seiner Theologie sind das Fehlen jeglicher Ausführungen über den göttlichen Geist, — aber dieser Mangel ist erst lange nach ihm empfunden und gebessert, — die geringe Rücksicht auf die menschliche Natur und damit im Zusammenhange auf eine menschliche Entwickelung Christi, aber dies war nur der notwendige Gegenschlag auf seine Betonung der Einheit der Person, die doch auch ihre nicht zu unterschätzenden Vorzüge besonders für die Verbindung mit der Soteriologie einschliesst.

---

[1]) Otto l. c. IX, 421.
[2]) Chronicon paschale ed. Dindorf 483.
[3]) Otto l. c. IX, 418: δύο γὰρ συνέστη τὰ ἄφεσιν ἁμαρτημάτων παρεχόμενα πάθος διὰ Χριστὸν καὶ βάπτισμα.

Dritter Abschnitt.
Die praktische Theologie.
Erster Teil.
Abhandlungen über ethische Fragen.

Derselbe Mann, welcher in der wissenschaftlichen systematischen Theologie so Grosses und Wichtiges, wenn wir das Zeitalter, in dem er lebte, betrachten, geschaffen, hat auch Gelegenheit genommen, nahe liegende ethische Fragen in kleinen Schriften zu behandeln. Wohl dürfen wir mit Recht vermuten, dass dies häufiger geschehen ist, wenn sich auch nur der λόγος περὶ φιλοξενίας [1]) erhalten hat. Die Gastfreundschaft, schon bei den Alten hoch und heilig gehalten, hatte, durch die Christen mit Eifer gepflegt, durchaus den Charakter einer spezifisch christlichen Tugend erhalten. Wie oft kehrt im neuen Testamente, besonders von Paulus ausgesprochen, die Mahnung wieder, sie zu üben![2]) Und die ältesten Väter der christlichen Kirche haben diese Anweisungen immer wiederholt. Clemens von Rom erinnert an das Beispiel Abrahams, Lots und der Rahab, und wie hoch er sie geschätzt hat, ersieht man deutlich daraus, dass er die φιλοξενία mit πίστις und εὐσέβεια zusammenstellt.[3]) Bei Hermas werden die ἐπίσκοποι καὶ φιλόξενοι, οἵτινες ἡδέως εἰς τοὺς οἴκους ἑαυτῶν πάντοτε ὑπεδέξαντο τοὺς δούλους τοῦ θεοῦ ἄτερ ὑποκρίσεως [4]) gelobt; Gastfreundschaft zu üben wird empfohlen, denn hierbei findet man eine Gelegenheit, Gutes zu thun. Vielgerühmt wurde in erster Linie die φιλοξενία und εὐεργεσία der römichen Gemeinde.[5]) Auch die Διδαχή enthält Ermahnungen zur Pflege dieser Tugend, aber hier werden schon, weil die Christen unangenehme Enttäuschungen erfahren hatten, bestimmte Vorschriften erteilt. Wer im Namen des Herrn kommt, soll aufgenommen werden; zieht er nur vorüber, dann soll er während seines zwei- oder dreitägigen Aufenthalts Unterstützung erhalten; will er sich in der Gemeinde niederlassen, so soll er sein Gewerbe treiben, oder, wenn er kein solches versteht, soll man ihm Arbeit anweisen; will er nicht thätig sein, dann ist er ein χριστέμπορος, d. h. einer, der durch sein Christentum äussere Vorteile erlangen will; vor ihnen

---
[1]) Eusebius, hist. eccl. IV, 26, 2.
[2]) 1. Petr. 4, 9; Ro. 12, 13; 1. Tim. 3, 2; Tit. 1, 8; Heb. 13, 2.
[3]) 1. Clem. 10, 7; 11, 1; 12, 1.
[4]) Hermas. Sim. IX, 27, p. 250.
[5]) Eusebius hist. eccl. IV, 23, 10.

muss man sich hüten.[1]) Fälle der letzteren Art werden sicherlich häufiger vorgekommen und Gemeinden, die jemanden vertrauensvoll aufnahmen, betrogen sein.[2]) Man sieht, hier war für Melito hinreichender Stoff, sich auszusprechen, die Merkmale, an denen man einen trägen Christen, der die Tugenden der Gemeinden missbrauchte, erkennen konnte, anzugeben und überhaupt Warnungen aller Art zu erteilen.

Zweiter Teil.
Praktisch-kirchliche Schriften.

Ebenso hat Melito Gegenstände, die nicht der wissenschaftlichen Theologie, sondern dem praktisch-kirchlichen Leben angehörten, in seinen Werken besprochen und zunächst wohl an seine Gemeindeglieder sich gewandt mit Mahnung und Belehrung, gelegentlich auch wohl polemisiert gegen die Häretiker. Hierher gehört in erster Linie die schon wiederholt erwähnte Schrift περὶ λουτροῦ.[3]) Die Ausführungen kehren ihre Spitze gegen die Gnostiker, welche die Taufe herabsetzen und zu entwerten suchen;[4]) Melito sucht hier die Notwendigkeit derselben durch einen Analogiebeweis aus irdischen Erscheinungen darzuthun. Wie die Metalle, wenn sie glühend ins Wasser getaucht werden, teils grössere Härte, teils höheren Glanz erlangen, wie das Land, durch Regen und Ströme befeuchtet, mehr Frucht trägt,[5]) so, — dies muss man als tertium comparationis annehmen, — ist der Zustand des Menschen nach der Taufe ein besserer als vorher; er erlangt durch sie etwas, was er vorher nicht besass. Was dieses sei, darüber hat Melito in dem Fragmente, das uns aus der Arbeit περὶ λουτροῦ erhalten ist, sich nicht geäussert, doch hat er an einer anderen Stelle gelegentlich es erwähnt, es ist die Sündenvergebung.

---

[1]) Hermas, Mand. VIII. 10. p. 100: φιλόξενον εἶναι, ἐν γὰρ τῇ φιλοξενίᾳ εὑρίσκεται ἀγαθοποιήσαις ποτέ. Διδαχή c. 12: πᾶς δὲ ἐρχόμενος ἐν ὀνόματι κυρίου δεχθήτω· ἔπειτα δὲ δοκιμάσαντες αὐτὸν γνώσεσθε. σύνεσιν γὰρ ἕξετε δεξιὰν καὶ ἀριστεράν. εἰ μὲν παρόδιός ἐστιν ὁ ἐρχόμενος, βοηθεῖτε αὐτῷ ὅσον δύνασθε· οὐ μενεῖ δὲ πρὸς ὑμᾶς εἰ μὴ δύο ἢ τρεῖς ἡμέρας, ἐὰν ᾖ ἀνάγκη,. εἰ δὲ θέλει πρὸς ὑμᾶς καθῆσαι, τεχνίτης ὤν, ἐργαζέσθω καὶ φαγέτω· εἰ δὲ οὐκ ἔχει τέχνην, κατὰ τὴν σύνεσιν ὑμῶν προνοήσατε, πῶς μὴ ἀργὸς μεθ' ὑμῶν ζήσεται Χριστιανός. εἰ δ' οὐ θέλει οὕτω ποιεῖν, χριστέμπορός ἐστι· προσέχετε ἀπὸ τῶν τοιούτων.

[2]) Besonders leicht konnten die Gemeinden von den Propheten bei der ungeheuren Achtung, in der diese standen, betrogen werden, cf. Διδαχή c. 11; Lucian Peregrinus 11 f.

[3]) Cf. besonders oben p. 52—55, auch Piper l. c. 82 ff, dessen Ausführungen aber durch seine Heranziehung des Ketzertaufstreites ein z. T. falsches Bild geben.

[4]) Cf. oben p. 53. 54.

[5]) Pitra, Analecta sacra II, 3. 4.

Hier stellt er auch Taufe und Martyrium als in dieser Beziehung dasselbe Resultat schaffend zusammen.[1] Nach dem Zusammenhange muss er in der Schrift περὶ λουτροῦ, um die Notwendigkeit der Taufe der Christen darzuthun, auf das Vorbild der Jordantaufe Jesu hingewiesen haben: ist sogar Christus getauft, um wie vielmehr sind die Menschen dazu genötigt. Zuvor musste er aber die Thatsächlichkeit und Unumgänglichkeit der Taufe Jesu selbst zeigen, und er thut dies in der eigentümlichen, oben besprochenen Weise.[2]

Das zweite Werk, das hier zu betrachten ist, ist die Schrift περὶ κυριακῆς.[3] Genaueres über ihren Inhalt wissen wir nicht, doch lässt sich immerhin vermuten, dass sie den eigentümlichen Wert und die Bedeutung des christlichen Sonntags als des Erinnerungstages an die Auferstehung des Herrn im Gegensatz zum jüdischen Sabbat dargestellt und Anweisungen darüber, wie er zu feiern sei, gegeben hat.[4]

Dritter Teil.

Melitos Stellung im zweiten Osterstreite.

Zu den Schriften Melitos, welche einen praktisch-kirchlichen Charakter tragen, gehört auch das Werk περὶ τοῦ πάσχα,[5] dessen Abfassung wohl bald nach 170 anzusetzen ist.[6] In jenem Jahre nämlich brach unter dem Proconsulate des Sergius Paulus in Laodicea ein grosser Streit über das Osterfest, das gerade damals eintrat, aus,[7] und Melito mischte sich mit seiner Schrift in die Kämpfe. Genauere Kenntnis erlangen wir durch dieses Werk nicht, eben so wenig kennen wir seinen Inhalt, doch lässt sich dieser erschliessen.[8]

Melito gehörte, wie aus dem bestimmten Zeugnisse des Polykrates von Ephesus[9] hervorgeht, zu den Anhängern der klein-

---
[1] Otto l. c. IX, 418: δύο γὰρ συνέστη τὰ ἄφεσιν ἁμαρτημάτων παρεχόμενα, πάθος διὰ Χριστὸν καὶ βάπτισμα.
[2] Cf. oben p. 52. 53. 129. 130.
[3] Eusebius, hist eccl. IV. 26, 2.
[4] Ob auch diese Schrift, wie Piper l. c. 91—95 meint, die Gnostiker bekämpft hat, ist doch sehr fraglich.
[5] Eusebius, hist. eccl. IV, 26, 2.
[6] Cf. oben p. 21, not. 2.
[7] Eusebius, hist. eccl. IV, 26, 3: ἐπὶ Σερουιλλίου Παύλου ἀνθυπάτου τῆς Ἀσίας, ᾧ Σάγαρις καιρῷ ἐμαρτύρησεν, ἐγένετο ζήτησις πολλὴ ἐν Λαοδικείᾳ περὶ τοῦ πάσχα, ἐμπεσόντος κατὰ καιρὸν ἐν ἐκείναις ταῖς ἡμέραις καὶ ἐγράφη ταῦτα.
[8] Eine genauere Untersuchung über die Osterstreitigkeiten gehört nicht hierher, da die Stellung, welche Melito in ihnen eingenommen hat, klar ist. Ich verweise vor allem auf Hilgenfeld, Der Paschastreit der alten Kirche. 1860. bes. S. 250—287 und Schürer, De controversiis paschalibus secundo p. Chr. n. saeculo exortis. 1869.
[9] Eusebius, hist eccl. V, 24, 5.

asiatischen Osterfestpraxis, deren Verschiedenheit von derjenigen der abendländischen, besonders römischen, Kirchen darin bestand, dass die Kleinasiaten am 14. Tage das dem Osterfeste vorhergehende Fasten beendeten, gleichviel auf welchen Tag dies traf, während die occidentalischen Kirchen dies nur an einem Sonntage thaten, an dem sie zugleich auch das Herrenmahl hielten. Dieses wurde dagegen von den Asiaten nach Beendigung des Fastens am Abende des 14. Tages gefeiert. Sie stützten ihren abweichenden Ritus durch Betonung der göttlichen Vorschrift an die Israeliten, dass am 14. Nisan das Passah zu halten sei, welche auch jetzt noch nicht als antiquiert angesehen werden dürfe, und durch den Hinweis auf die Anordnung Jesu nach dem Berichte der Evangelien. Eine Verschiedenheit hinsichtlich der Art der Feier lässt sich nicht nachweisen, es handelt sich stets nur um die Zeit.[1])

Diesen Brauch der kleinasiatischen Kirchen muss Melito in seiner Schrift verteidigt haben. Sie blieb nicht ohne Erwiderung, und eben dieser Umstand ist zugleich ein Beweis des Ansehens, in dem der sardische Bischof stand; dass ein so bedeutender Mann als Kämpfer für die kleinasiatische Osterpraxis auftrat, erschien den Gegnern derselben bedenklich; und einer der berühmtesten Kirchenlehrer der Zeit, Clemens von Alexandrien, wandte sich in einer Schrift περὶ τοῦ πάσχα[2]) mit ausgesprochener Polemik gegen Melito.[3]) Ebenso trat gegen denselben[4]) in einer gleichbetitelten Schrift ein Landsmann auf, Apollinarios von Hierapolis, berühmt als Apologet des Christentums und Bekämpfer der montanistischen Bewegung. Auch er stellte sich auf die Seite der occidentalischen Praxis.[5]) Melito ist nicht mehr dazu gekommen, diesen beiden Gegnern zu antworten, der Tod, der ihn bald darauf ereilt haben muss, schloss ihm den Mund und nahm ihm die Feder aus der allzeit zum Kampf bereiten Hand.

---

[1]) Cf. besonders Schürer, l. c. 12 ff.
[2]) Eusebius, hist. eccl. IV, 26, 4; VI, 13, 9. Dass der Ausdruck ἐξ αἰτίας hier soviel bedeutet wie »gegen«, ist sicher.
[3]) Ein Fragment aus dieser Schrift, welches sich im Chronicon paschale findet, teilt Schürer l. c. 25 f. mit.
[4]) Ob gerade gegen ihn, ist zweifelhaft, jedenfalls aber gegen die von ihm vertretene Ansicht.
[5]) Zwei Fragmente aus dieser Schrift finden sich bei Otto l. c. IX, 486. 487.